Brigitte Sandberg

La vie intérieure et extérieure

en poèmes et en poèmes de prose

Das innere und äußere Leben in Gedichten und
in Prosagedichten

© 2024 Brigitte Sandberg

Couverture et peinture Brigitte Sandberg

Édition : BoD • Books on Demand GmbH, In de Tarpen 42, 22848 Norderstedt (Allemagne)

Impression : Libri Plureos GmbH, Friedensallee 273, 22763 Hamburg (Allemagne)

ISBN: 978-2-3225-3311-4

Depôt légal : Septembre 2024

Pour mon fils

qui est aveugle

et pourtant voyant

Für meinen Sohn,

der blind ist

und dennoch sehend

Table des matières

6

La rose

Le manque d'air,

le manque d'élan,

de courage.

Le manque d'une rose,

que je ne vois que s'épanouir

sur le tableau,

que je viens de finir.

Die Rose

Der Mangel an Luft,

der Mangel an Schwung,

an Mut.

Das Fehlen einer Rose,

die sich nur auf dem Bild entfaltet,

das ich gerade zu Ende gemalt habe.

La tête d'un cheval

Une tête de cheval apparait.

Le cheval est heureux

parce qu'il mache quelque chose.

Est-ce la rose ?

Est-ce la fillette,

qui attendait son père

et qui a été déçu par lui ?

Der Kopf eines Pferdes

taucht auf.

Das Pferd ist glücklich,

weil es etwas kaut.

Ist es die Rose?

Ist es das Mädchen,

das seinen Vater erwartete

und von ihm enttäuscht wurde?

Visages couverts de poussière

Des visages
couverts de poussière
de mon vivant.

Les visages de mon quartier résidentiel,
ils se répètent
tous les jours.

Avant et après ma vie
ce sont d'autres visages,
qui apparaissent,
et meurent.

Poussière se dépose sur chaque génération,

sur les visages de mon vivant.

Ont-ils toujours été comme derrière un verre dépoli, sale ?

Staubbedeckte Gesichter

zu meiner Lebenszeit.

Gesichter aus dem Stadtteil,

die sich wiederholen,

tagtäglich.

Vor meinem Leben und nach meinen Leben sind es andere Gesichter,

die auftauchen

und sterben.

Staub legt sich auf jede Generation,

auf die Gesichter zu meiner Lebenszeit.

Waren sie schon immer wie hinter einem Milchglas,

einem schmutzigen Glas,

nie deutlich?

Tous les rêves

qui ne se sont pas réalisés.

Toutes les sorcières,

qui faisaient du cheval sur leur cane de sorcière,

en poussant des cris de menace.

Toutes les ordures, les saletés, les déchets

sur le sol, mélangés à la terre remuée.

Des lampes de poche dans la nuit se penchent dessus

et des mains

à la recherche de quelque chose d'utilisable,

sans toujours savoir quoi en faire de la trouvaille.

All die Träume

All die Träume, die nicht wahr geworden sind.

All die Hexen, die in der Nacht auf ihrem Hexenstock ritten

und Drohungen ausstießen.

All der Unrat auf dem Boden,

vermischt mit aufgewühlter Erde.

Taschenlampen in der Nacht

beugen sich darüber

und Hände,

die etwas Brauchbares suchen

ohne immer zu wissen,

was mit dem Fund anzufangen sei,

wenn sie ihn in Händen halten.

Le chemin

Quand on ne trouve pas son chemin,

parce que le brouillard

est trop épais,

c'est donc le moment,

où on invente

un chemin.

On reste dans l'imaginaire,

tant que le brouillard nous enveloppe,

comme la lumière rouge et chaude

de la chambre du voisin de l'autre côté de la rue

qui a peur du chemin,

qui a perdu son chemin

dans le brouillard de son esprit,

dans le brouillard du monde,

qui ne voit plus clair.

Le voisin de l'autre côté de la rue plonge toute sa chambre

dans un rouge chaud de l'amour maternel.

Il ne se heurte pas au fait que la lumière est artificielle.

Je regarde le spectacle d'en face de l'autre côté de la rue.

Il ne tire jamais les rideaux,

il s'expose aux autres.

J'ai remarqué,

qu'il utilise différentes couleurs.

Parfois sa chambre est entièrement

plongée dans le vert.

Il pense se guérir ainsi

de son chemin perdu

dans le brouillard épais
de son esprit brouillé.

Il préfère se bercer
dans le rouge de l'amour maternel
ou dans le vert de la nature.

Je tire mes rideaux
et dis :
Bonne nuit !

Je vais me coucher
en me plongeant dans mon imaginaire
dans la lumière chaude et rouge de l'amour,
ensuite dans le vert de la nature
de la chambre de mon voisin inconnu
de l'autre côté de la rue.

Der Weg

Wenn man seinen Weg nicht findet,

weil der Nebel

zu dicht ist,

dann ist das der Moment,

in dem man den Weg erfindet.

Die Irrealität bleibt

solange der Nebel uns einhüllt

wie das Licht,

das rot und warm ist

im Zimmer des Nachbarn

auf der anderen Straßenseite,

der Angst vor seinem Weg hat,

der seinen Weg verloren hat

im Nebel seines Geistes,

im Nebel der Welt,

die nicht mehr klar sieht.

Er taucht sein ganzes Zimmer

in ein rotes, warmes Licht,

das an mütterliche Liebe erinnert,

an Liebe an sich.

Es stört ihn augenscheinlich nicht, dass es ein künstliches Licht ist.

Er zieht seine Vorhänge nie zu.

Er scheint ihn nicht zu stören,

dass andere Einblick in das Innere seines Zimmers haben,

allein das Licht der Farben, das er offenbar als heilsam empfindet, bedeutet ihm etwas.

Ich habe bemerkt,

dass er verschiedene Farben benutzt,

manchmal ist sein Zimmer vollkommen in Grün getaucht.

Vermutlich hofft er, auf diese Weise

seinen im dichten Nebel seines Geistes verlorenen Weg wiederzufinden.

Er wiegt sich

im Rot der mütterlichen Liebe,

in der Nächstenliebe

und im Grün der Natur,

obwohl es nur Lampenlicht ist,

das diese Illusion erzeugt.

Ich ziehe meine Vorhänge zu,

sage: Gute Nacht!

Ich werde schlafen gehen.

In meinem Inneren lasse ich mich von dem warmen, roten Licht der Liebe erfüllen,

von dem grünen Licht der Natur

des unbekannten Nachbarn von der anderen
Straßenseite

und auch ich vergesse die Künstlichkeit des
Lichts.

La petite portugaise

J'attends le bus à 8.15

qui va au centre-ville.

Elle aussi prendra le bus,

la petite portugaise,

qui donne des cours de portugais

malgré ses 82 ans,

qu'elle fête aujourd'hui.

Derrière elle, à cette heure matinale,

déjà un cours de yoga de 75 minutes.

Elle y va tous les jours sauf le dimanche.

Nous montons dans le bus.

Elle a prévu d'acheter des gâteaux ronds

avec des fraises sur le dessus,

pour faire plaisir aux quatre invitées

pour son anniversaire.

Seule cette boulangerie au centre-ville fabrique ces tartelettes aux fraises selon une recette spéciale..

Quoi de neuf encore ?

(« Quoi de neuf ? » me rappelle le titre d'un livre « Quoi de neuf sur la guerre ? » de Robert Bober, dont mon fils m'avait fait cadeau à mon 47e anniversaire en 1995. Il s'agit d'un atelier de couture juif à Paris après la guerre, dans lequel les tailleurs et tailleuses parlent de la guerre qu'ils ont survécu.)

Nous échangeons des nouvelles.

Son colocataire est décédé de vieillesse à l'âge de 96 ans.

Il était un homme heureux, dit-elle, à la maison il jouait du piano.

C'est rare de nos jours,

qu'un homme soit heureux.

Oui, mais il l'était,

elle en est convaincue.

Je descends.

On se sourit

et nous nous disons au revoir.

Je crois qu'elle aussi

est heureuse.

Die kleine Portugiesin

Ich warte auf den Bus,

der um 8.15 in die Innenstadt fährt.

Auch sie will den Bus nehmen,

die kleine Portugiesin,

die Portugiesisch

an einer Sprachenschule unterrichtet,

trotz ihrer 82 Jahre,

die sie heute feiert.

Hinter ihr liegt schon ein Yoga Kurs von 75 Minuten, den sie jeden Tag besucht außer sonntags.

Wir steigen in den Bus.

Sie beabsichtigt, für ihre vier eingeladenen Freundinnen runde Törtchen zu kaufen mit aufgestellten Erdbeeren in der Mitte,
die es nur in einer bestimmten Bäckerei im Stadtzentrum gibt.

Was gibt es außerdem Neues? Diese Frage erinnert mich an ein Buch mit dem Titel „Was gibt's Neues vom Krieg?" von Robert Bober, das mir mein Sohn zu meinem 47. Geburtstag 1995 schenkte. Es spielt in einer jüdischen Schneiderwerkstatt nach dem Krieg, in der sich die Mitarbeiter*innen, Überlebende des Krieges über ihre Erfahrungen unterhalten.

Ihr Mitbewohner ist mit 96 Jahren an Altersschwäche gestorben.

Er war ein glücklicher Mann, sagt sie, er spielte Klavier.

Ein glücklicher Mensch ist selten heutzutage.

Ja, aber er war es!

Davon ist sie überzeugt.

Ich steige aus.

Wir lächeln uns an, sagen auf Wiedersehen.

Ich glaube, auch sie ist ein glücklicher Mensch.

La toux

Elle survient subitement,

sans préavis

à n'importe quel endroit,

à n'importe quelle heure,

au lit,

dans la rue,

au magasin,

dans le bus ou dans le métro.

Je suis à la merci de l'animal sauvage,

du prédateur.

Pourquoi m'a-t-il choisi ?

Ses pattes autour de mon cou

il presse,

ça dure quelques minutes,

je flotte entre la vie et la mort,

avant que la bête féroce ne lâche prise.

Der Husten

Er kommt plötzlich,

überfällt mich ohne Vorwarnung,

irgendwo,

irgendwann,

sei es im Bett,

auf der Straße,

im Geschäft,

im Bus oder in der U-Bahn.

Ich bin dem Raubtier ausgeliefert. Warum hat es mich ausgesucht?

Seine Arme um meinen Hals, den er zusammendrückt.

Ich schwebe einige Minuten zwischen Leben und Tod,

bevor das Raubtier loslässt.

Le Chocolat de Chapel Hill

Ce matin

un premier regard

par la fenêtre claire

du troisième étage.

Je vois les bourgeons jaunes

sur les branches d'un arbre

entièrement recouvertes de mousse verte.

Un lapin en chocolat

me regarde avant que je ne parte de chez moi.

Il est emballé d'un papier d'or,

autour du cou un ruban rouge

avec une petite cloche en argent.

Il est un cadeau d'une amie

pour les fêtes de Pacques,

que je vais passer seule avec lui.

J'ai donné les mêmes lapins à mon fils

et sa petite-amie qui habite loin,

avec pour chacun un billet d'argent.

Mais il les a oubliés dans son appartement.

C'est un produit industriel de masse.

On le trouve dans les drogueries et dans les grandes maisons de commerce.

Il y a même un lapin de Pâques doré et géant dans le plus grand centre de commerce au centre-ville. C'est un géant de plusieurs mètres de haut, entouré par des centaines de petits lapins dorés.

Au café je recois un cadeau d'une amie,

qui revient tout juste de son voyage de travail aux Etats-Unis.

C'est du « Toffee », une spécialité de Chapel Hill.

Un chocolat noir au beurre caramel avec des noix de Pékan.

Le papier d'emballage est d'un bleu clair, sur lequel il y a en bas l'image de quelques morceaux du chocolat noir fourré de la masse de Pékan et du caramel au beurre.

Puis j'ai oublié mon sac en tissu noir dans le bus, malheureusement dedans le délicieux chocolat noir, la spécialité de Capel Hill.

J'apprends par mon amie, qui me l'a apporté de son séjour aux Etats-Unis,

qu'on a volé son sac à l'aéroport, dedans à part des vêtements encore plusieurs tablettes de chocolat de Chapel Hill.

L'amie, qui a été à Chapel Hill déjà plusieurs fois, dit :

« Ce chocolat est un peu maudit cette année ! »

Die Schokolade von Chapel Hill

Mein erster Blick heute Morgen durch das klare Fenster

fällt auf die ersten gelben Knospen

und die vollkommen mit grünem Moos
bedeckten Äste.

Ein Hase aus Schokolade

schaut mich an, bevor ich die Wohnung
verlasse.

Er ist in Goldpapier eingewickelt, um seinen
Hals eine kleine goldene Glocke,

gehalten von einem roten Band.

Er ist das Geschenk einer Freundin zu Ostern,
das ich mit ihm alleine verbringen werde.

Dieselben goldenen Osterhasen habe ich für
meinen Sohn und seine Freundin gekauft und je
einen Geldschein angebracht.
Aber er hat die Hasen vor Reiseantritt in seiner
Wohnung vergessen.

Es ist ein industrielles Massen Produkt, das
überall zu finden ist, in den Drogeriemärkten
sowie in den Kaufhäusern.

Es gibt sogar einen überdimensional großen,
goldenen Osterhasen in dem größten
Einkaufszentrum der Innenstadt. Es ist ein
Riese von mehreren Metern Höhe, umgeben
von hunderten kleinen, goldenen Osterhasen.

Im Café erhalte ich ein Geschenk von einer Freundin, die gerade von einer Arbeitsreise aus den USA zurückgekehrt ist.

Es ist schwarze Schokolade mit Pekannüssen in Butterkaramell, eine Spezialität aus Chapel Hill.

Die Verpackung ist hellblau, auf dieser ist auf der unteren Hälfte die gefüllte Schokolade von der Seite abgebildet, es sind mehrere Tafeln aufeinandergestapelt.

Nach unserem Treffen vergaß ich im Bus meinen schwarzen Stoff Beutel mit der köstlichen Schokolade, der Spezialität von Chapel Hill.

Ich erfahre von der Freundin, die sie mir aus den USA mitgebracht hat, dass man ihr am Flughafen ihren Stoff Beutel gestohlen hat.

Es waren unter anderem mehrere Tafeln Schokolade aus Chapel Hill darinnen.

Die Freundin, die schon mehrmals dort war, sagt scherzhaft,

dass diese Schokolade dieses Jahr ein bisschen verflucht sei!

La peau

La photo montre une partie d'un pullover couleur mandarine.

C'est le travail d'une amie, qui aime tricoter.

Puis elle écrit dans un autre message, que le pull est fini.

Elle n'aurait qu'à coudre les pièces ensemble.

Bizarrement, j'imagine les pièces d'un petit pull couleur rose,

un pull d'un petit enfant.

J'imagine un petit enfant rose,

déchiré en morceaux par les tueurs.

Cela me rappelle une femme,

qui s'est arrêtée devant ma table au café en m'appelant « Schnukelchen » .

Quand elle s'est adressée à moi en utilisant le mot « Schnukelchen », je voyais devant moi

un enfant séduit et abusé sexuellement par son père, qui l'appelait « Schnukelchen ».

 « Schnukelchen, viens ! " et ensuite l'abus s'est produit.

Revenue à la réalité, j'ai vu la femme devant moi, qui avait activé en moi le vieux traumatise par m'adresser la parole en disant « Schnukel-chen », qui est un mot utilisé entre deux personnes, qui partagent une certaine intimité profonde.

Mais je connaissais à peine cette femme, dont je ne savais même pas le nom et prénom.

L'amie, qui avait tricoté le pull, dont j'avais imaginé une couleur rose, me corrige.
Elle dit, que c'est la couleur d'un homard.

Puis j'entends à la radio l'info atroce,

qu'il y avait pendant la guerre des SS,

qui ont commandé de faire de la peau tatouée des détenus dans les camps de concentration,

ici à Buchenwald,

des objets tels qu'un abat-jour ou un étui de couteau de poche.

Quelle horreur !

Die Haut

Das Foto zeigt einen Teil des Pullovers, der die Farbe von Mandarinen trägt.

Es ist die Arbeit einer Freundin, die gerne strickt.

Nach einiger Zeit schreibt sie, dass der Pullover fertig sei, sie müsse die Teile nur noch zusammennähen.

Ich stelle mir die Teile seltsamerweise rosa vor.

Ich stelle mir ein kleines Kind vor: rosa,

zerstückelt von den Mördern.

Es erinnert mich an eine Frau, die plötzlich vor meinem Tisch im Café stehenblieb und mich „Schnuckelchen" nannte.

Ich verfiel in eine andere Welt und sah vor mir ein verführtes, missbrauchtes Kind, das vom Vater „Schnuckelchen" genannt wurde.

„Schnuckelchen komm!" und dann passierte es.

Als ich wieder in die Realität zurückkehrte,

stand die Bekannte vor mir, die ich kaum kannte, deren Vor- und Nachname mir gänzlich unbekannt war.

Diese Frau hatte mich gerade „Schnuckelchen" genannt, ein Kosename in zumeist intimen Beziehungen verwendet. Ihre Distanzlosigkeit reaktivierte ein frühes Trauma.

Die strickende Freundin korrigierte mich,
sie sagte, die Pullover Farbe sei nicht rosa, sondern es sei die Farbe eines Hummers.

Im Radio senden sie die grausame Nachricht, dass es während des 2.Weltkrieges SS-Angehörige gab, die befahlen, aus der Haut von tätowierten Häftlingen in den Konzentrationslagern,

hier Buchenwald,

Gegenstände herzustellen,

zum Beispiel einen Lampenschirm oder ein Taschenmesser Etui.

Was für ein Horror!

Hommage à ma famille

J'allais parfois me promener avec ma mère.

C'étaient des promenades avec un but précis, lesquelles se terminaient toujours devant un stand de rouleaux de tissu avec différents tissus de toutes les couleurs.

Ma mère cousait tous nos vêtements, de ma sœur, de moi et d'elle.

Elle n'avait pas appris à coudre, mais elle s'y était mise quand-même.

En tant que famille refugiée nous n'avions pas l'exigence de porter des robes parfaites.

Je me demande, si je n'avais pas hérité d'elle

son engagement dans la couture, seulement que chez moi la couture est devenue la peinture et l'étoffe la toile.

les robes avaient de belles couleurs,

que j'utilise dans ma peinture.

Même les coupures sont là sur certaines toiles, les formes.

Je me souviens de mon étonnement, quand je lui avais demandé son avis sur mes tableaux

à l'époque, où elle m'avait rendue visite, ce qui se produisait rarement.

J'étais étonnée de ses sentiments et pensées concernant le mouvent, la composition, les formes et les couleurs.

En outre, elle aimait faire la cuisine.

C'est-à-dire, elle pensait que cuisiner fait partie de son rôle de femme.

Elle avait appris la cuisine après avoir fini l'école du petit village, dans laquelle il n'y avait qu'une seule salle de classe pour les petits comme pour les grands. Elle pensait que le prof l'aimait bien et a donc souvent fait semblent de ne pas voir ses fautes.

L'apprentissage de la cuisine après l'école a eu lieu à la mer baltique chez des gens riches qui vivaient dans un grand manoir. L'autre apprentie était une hollandaise qui s'appelait « Atsche » et se donnait des rendez-vous avec des prisonniers français.

Elle était pleine d'humour et toujours prête à faire des blagues. Une fois elle a mis dans les pommes pour les maitres de la bouse de vache.

Ma mère regrettait de ne pas avoir gardé le contact avec cette fille joyeuse et indépendante.

J'ai toujours apprécié la cuisine de ma mère, qui était selon mon gout une excellente cuisinière.

Je me rappelle des ingrédients de toutes les couleurs.

Peut-être elle m'a mis sur la bonne voie, celle des couleurs.

Enfin ma sœur aussi a attribué à mon goût pour l'art

avec son art capillaire coloré.

Ses ciseaux faisaient apparaitre différentes coupes de cheveux,

et des différentes nuances de couleur se faisaient voir par les teintures de cheveux.

Il ne manque que mon père, qui jouait avec moi

des jeux de société « L'homme ne t'énerve pas », « Halma », « Dame », « Moulin », « Mikado ».

Tous ces jeux avaient des couleurs,

surtout Halma, où il fallait mettre des petites figurines en bois bleu, rouge, vert, jaune dans le camp de l'autre.

Et les mots, les mots si précieux,

je les aime profondément,

d'où viennent-ils ?

Surtout de ma mère,

qui à ma demande m'a dicté des mots, pour que je puisse voir si je les avais correctement écrits.

Et aussi par les livres, mes chers livres, commencé par les livres de jeunesse que j'ai acheté de mon argent de poche dans un magasin tout près qui vendait tout et rien.

Un de ces livres de jeunesse parlait de trois filles qui, après avoir fini l'école, cherchaient une profession intéressante. Pour l'une deux c'était le métier d'une photographe. Elle était même allée dans une grande ville pour trouver une place d'apprentissage.

Ce n'est donc pas étonnant, que j'ai choisi pour mon premier examen d'enseignante comme sujet le rôle de la femme dans les livres de jeunesse.

Ma mère n'a pas épuisé son potentiel.

Elle ne savait même pas que ce potentiel existait en elle.

Elle trouva, qu'elle ne serait pas intelligente et le répéta tout le temps. À la fin je le crus aussi en ce qui me concernait.

Elle ne croyait pas en elle et malheureusement cela s'est transmis aussi.

Seulement en lien avec son marie, en femme mariée, elle se sentit valorisée,

Toutes ses qualités, elle les minimisait,

en faisant comme si elles n'étaient rien.

Mais elle avait le don de la créativité et de la langue.
Elle trouva toujours des solutions pratiques, par exemple quand elle devait se rendre au centre de rééducation pour trois semaines, elle eut oublié sa purge, qu'elle prenait tous les jours contre la constipation. Elle a donc roulé un papier de toilette en forme de cône, l'a imbibé d'eau savonneuse avant de le mettre et tout fonctionnait comme d'habitude.

Les mots sont ensuite entrés en moi par le flux des mots dans les livres pour adultes,

ma source de vie.

La liste de ma lecture est longue :

« La cloche de verre » de Sylvia Plath,

« Une chambre à soi » de Virginia Woolf,

« La ballade du café triste » de Carson McCullers, « Le cœur est un chasseur solitaire »…

« La trentième année » d'Ingeborg Bachmann, d'elle aussi « Malina », « Le cas Franza »… .

Les livres de Max Frisch, « Andorra », « Stiller », « Montauk », « Homo faber », …

« Dimanche chez les Kreisands » de Gabriele Wohmann, et d'elle aussi « l'excursion avec la mère » …

Les livres de Franz Kafka et d'Hermann Hesse.

Les livres de Marguerites Duras et de Patrick Modiano, de Beauvoir, de Sartre, de Camus bien sûr, de Becket et ainsi de suite.

Nadine Trintignant « Ma fille, Marie »,

« Mémoires intimes suivis de livre de Marie-Jo » de George Simenon

« Une vie » sur Simone Weil.

« Le lambeau » de Philippe Lançon,

Et encore beaucoup d'autres.

Würdigung meiner Familie

Ich ging mit meiner Mutter hin und wieder spazieren.

Es waren Spaziergänge, die stets in einem Stoff Geschäft vor einem Stand mit Stoffballen endeten, auf die Stoffe in allen Farben aufgewickelt waren.

Meine Mutter nähte selbst, die Kleider für meine Schwester, die für mich und die für sie selbst.

Sie hatte das nicht gelernt, aber sie nähte trotzdem, als Flüchtlinge hatten wir keine hohen Ansprüche, es musste nicht perfekt sein.

Ich frage mich, ob ich ihr Engagement, Kleider in den schönsten Farben zu nähen, geerbt habe, nur dass bei mir aus dem Nähen das Malen wurde und aus dem Stoff die Leinwand. Auf Farben habe ich schon früh reagiert.

Sogar die Schnitte finden sich in meiner Malerei wieder, die Formen.

Ich erinnere mich meines Erstaunens, als ich sie um ihre Meinung zu meinen Bildern bat, als sie mich einmal besuchte, was selten vorkam. Ich war über ihre differenzierte Meinung überrascht, die Bewegungen auf der Leinwand betreffend, die Zusammenstellung der Farben und Formen.

Darüber hinaus liebte sie das Kochen.

Das heißt, sie dachte, das Kochen gehöre zu ihrer Rolle als Hausfrau.

Sie lernte das Kochen nach Beendigung der Dorfschule, in deren einzigem Klassenraum alle Klassenstufen vertreten waren. Sie meinte, dass der Lehrer sie mochte und deswegen oft ein Auge zudrückte.

Sie machte eine Ausbildung zur Köchin auf einem Gutshaus an der Ostsee, zusammen mit einer Holländerin namens Atsche, die gerne Späße machte.

Atsche traf sich heimlich mit den französischen Gefangenen und füllte den Herrschaften einmal Kuhscheiße in die Äpfel.

Sie bedauerte, dass sie den Kontakt verloren hatte.

Meine Mutter war eine ausgezeichnete Köchin, aber sie wollte nicht außerhalb ihres Haushalts als Köchin arbeiten. Ich erinnere mich an die vielfältigen Zutaten in den verschiedensten Farben, die mich wie die Farben der Stoffe faszinierten.

Nicht zuletzt hat meine Schwester durch ihre professionelle Haarkunst zu meiner Kunst-Affinität beigetragen.

Mit ihren Scheren brachte sie die verschiedensten Haarschnitte hervor, sowie durch die Haarfärbungen die schillerndsten Farbnuancen.

Es fehlt nur noch mein Vater,
der mit mir einfache Brettspiele spielte, Gesellschaftsspiele wie:
„Mensch ärgere dich nicht", „Halma", „Dame", „Mühle" oder auch „Mikado", das Geschicklichkeitsspiel mit den Stäbchen.

All diese Spiele hatten Farben, besonders „Halma" mit den kleinen Holzfiguren in Rot, Blau, Grün, Lila, und Gelb ist mir in Erinnerung geblieben, und es sind die Farben meiner Farbpalette geworden.

Und die Wörter, die wertgeschätzten Wörter,

die ich so sehr liebe, woher kommen sie?

Wohl vor allem von meiner Mutter,

die mir auf meinen Wunsch hin, Wörter diktierte, denn ich wollte sie gerne fehlerfrei schreiben.

Auch durch die Bücher, die wertgeschätzten Bücher, zunächst waren es Jugendbücher aus einem Schreibwaren Laden in der Nähe, die ich von meinem Taschengeld kaufte. Ich erinnere mich an ein Buch über drei junge Frauen, die nach der Schule auf der Suche nach ihrem Traum Beruf waren, aber ich erinnere mich wiederum nur an einen Beruf, den der Fotografin und daran, dass eine nach Berlin ging.

Nicht von ungefähr wählte ich also für das schriftliche Lehrer*innen Examen das Thema: Die Rolle der Frau im Jugendbuch.

Meine Mutter hat ihr Potential nicht ausgeschöpft, sie wusste nicht einmal, dass ein Potential in ihr schlummerte.

Sie ging davon aus, dass sie nicht intelligent war und wiederholte das so oft, dass es sich auf mich übertrug.

Sie glaubte nicht an sich und auch das übertrug sich auf mich.

Nur in Verbindung mit ihrem Ehemann fühlte sie sich bedeutsam, nur als verheiratete Frau habe sie einen Wert, so sagte sie.

Sie minimierte ihre Qualifikationen, indem sie tat, als wären sie nichts.

Ich habe ihre Kochkunst oft gelobt, die wirklich außerordentlich war.

Bemerkenswert war auch ihre Fähigkeit, praktische Lösungen zu finden, darin war sie genial. Zum Beispiel hatte sie vergessen, ihren Abführtee gegen Verstopfung mit in die Reha zu nehmen, den sie täglich trank. Da kam sie auf die Idee und rollte etwas Toilettenpapier zu einem Röhrchen, das sie mit Seifenwasser tränkte, bevor sie es sich einführte und der Stuhlgang wie gewohnt klappte.

Weiter beeindruckten mich ihre Kreativität und ihr Sprachvermögen, wenngleich sie auch hier ihr Licht unter den Scheffel stellte, was einst meine Schulleiterin auch zu mir sagte.

Darüber hinaus sind die Wörter durch den Fluss der Wörter in den Büchern für Erwachsene in mich hineingekommen und eine Lebensquelle geworden,

„Die Glasglocke" von Sylvia Plath,

„Ein Zimmer für sich allein" von Virginia Woolf, u.a.

„Die Ballade vom traurigen Café" von Carson Mc Cullers und ihr Buch „Das Herz ist ein einsamer Jäger"…

„Das dreißigste Jahr" von Ingeborg Bachmann und auch „Malina", „Der Fall Franza" und weitere.

Von Max Frisch „Homo Faber", „Andorra", „Stiller", „Montauk" und andere.

Die Bücher von Franz Kafka und Hermann Hesse.

„Sonntags bei Kreisands" von Gabriele Wohmann, „Ausflug mit der Mutter", Kurzgeschichten.

Die Bücher von Duras „Heiße Küste", „Der Liebhaber", „Hiroshima mon amour", „Moderato cantabile", "der Schmerz",… .

Die Bücher von Patrick Modiano, von Simone de Beauvoir, von Sartre, von Albert Camus natürlich, von Samuel Becket, und so fort.

Von Nadine Trintignant « Ma fille, Marie »,

« Mémoires intimes suivis du livre de Marie-Jo » von George Simenon

« Une vie » über Simone Weil.

« Le lambeau » von Philippe Lançon,

Und viele andere.

Les événements traumatiques de la vie

Les traumatismes dans la famille

ont existé aussi,

j'en porte lourdement.

Ma vie presque ruinée,

s'il n'y avait pas eu une lueur d'espoir,

une lumière,

en la personne de mon fils

dont les yeux sont sans lumière.

Maintenant, à l'âge de 75 ans,

il me semble, que le seul moyen,

qui soulage,

c'est, de pardonner tous les côtés, bien qu'on vive avec les conséquences.

Pardonner aussi soi-même, ce qui est peut-être le plus difficile.

Traumatische Lebensereignisse

Traumen in der Familie,
ich trage daran.

Sie haben mein ganzes Leben beschwert,
fast ruiniert,
wäre da nicht ein Lichtblick gewesen
in der Person meines Sohnes,
der ohne Augenlicht lebt.

Wie lassen sich Traumen verarbeiten,
gar auflösen?

Im Alter von 75 Jahren,
komme ich zu dem Schluss, dass der einzige Weg,
der des Verzeihens ist, den anderen und sich selbst,

was vielleicht das Schwierigste ist.

La neige

Je me souviens de mon premier poème français
écrit il y a très longtemps.

Ne s'agitait-il pas de la neige ?

Une neige qui tombe encore ?

Les flocons de neige blanche

tombent devant mes yeux

incessamment,

parfois si intensément,

que j'ai l'impression d'un rideau blanc et tiré,

qui m'empêche d'avancer,

qui m'empêche d'aller vers le monde.

Je me retrouve enfermée,

isolée.

Mais ce sont les mots,
qui traversent tout de même les murs,
et vont vers les autres.

Que les mots soient entendus ou non,
que les mots soient lus ou non,
que les mots soient répondus ou non,
je les aime profondément,
quoi qu'il arrive,
je ne les lâcherai pas.

Tout comme chez les personnes,
qui sont tuées,
à cause de leurs mots,
qui ne plaisent pas à autrui,
ni au dictateur privé et la dictatrice privée,
ni au dictateur et à la dictatrice politique.

Pour beaucoup le rideau de neige

est en vérité un rideau de fer.

Ils sont emprisonnés et désespérés,

mais confiants dans leurs mots,

qui traversent les murs tout de même,

qui sont entendus,

lus et répandus par d'autres,

qui reprennent le flambeau,

pour parler de l'injustice dans le monde,

à laquelle sont confrontés des innombrables compatriotes,

qui en souffrent terriblement.

Der Schnee

Ich erinnere mich an mein erstes französisches Gedicht, vor langer Zeit geschrieben.

Ging es darin nicht um Schnee?

Schnee, der immer noch fällt?

Weiße Schneeflocken

fallen vor meinen Augen

unaufhörlich.

Manchmal so intensiv,

dass ich den Eindruck von einem weißen, zugezogenen Vorhang habe,

der mich daran hindert, vorwärts zu kommen,

der Welt entgegen zu gehen.

Der mich einschließt,

isoliert.

Die Worte gelangen trotzdem hinaus,

gehen den anderen entgegen,

ob sie verstanden werden oder nicht,

ob sie gehört werden oder nicht,

ob sie gelesen werden oder nicht,

ob sie beantwortet werden oder nicht.

Ich liebe sie zutiefst,

was auch immer passiert,

ich lasse sie nicht los.

So wie die Personen,

die getötet werden

wegen ihrer Worte,

die anderen nicht gefallen,

weder dem privaten Diktator, der privaten Diktatorin,

noch dem politischen Diktator, der politischen Diktatorin.

Es gibt so viele,

deren Vorhang aus Schnee

in Wirklichkeit aus Eisen ist.

Gefangene, die verzweifelt sind,

aber den Worten vertrauend,

die durch alle Gefängnismauern hindurch

nach draußen gelangen.

Die gehört und gelesen werden,

die verbreitet werden von jenen,

die die Fackel übernehmen,

um die Ungerechtigkeit, die ihren leidenden
Zeitgenossen überall auf der Welt widerfährt,
beim Namen zu nennen,
diese anzuprangern und Gerechtigkeit zu
fordern.

La Symphonie de Schubert

J'appuyai machinalement sur le bouton
de ma radio à côté de mon lit.
On jouait une symphonie de Schubert.

Je ne sais pas pourquoi,
mais je fus restée sur cette chaine.
Il y avait évidemment quelque chose,
qui m'attirait dans cette musique,
bien que l'image qui m'ait traversé,
était plutôt effrayante.

J'ètais enfermée dans une grande salle
d'un château, dont les murs et les plafonds
étaient couverts des peintures à l'ancienne avec
des couleurs pastels.
L'ensemble donnait l'impression éphémère.
J'étais habillée à la mode de l'époque,

où le château a été encore habité par une vie joyeuse ou un vide joyeux.

J'ai cherché l'issu

en courant d'un côté à l'autre, d'un mur à l'autre,

comme si j'étais enivrée par la symphonie et en même temps désespérée.

Puis j'ai remarqué que la musique de la Symphonie de Schubert

sortait partout des murs qui m'entouraient.

Ils avaient fusionné

avec la musique de la Symphonie de Schubert,

et cela me rendait en même temps

heureuse et folle.

Je ne pensais même plus à sortir.

Au début, j'étais consciente d'un extérieur,

la raison pour laquelle je voulais sortir.

Je voyais par la fenêtre un grand jardin, appartenant au château,

et je croyais, que la musique jouait dehors.

Mais je ne voyais pas de musiciens et musiciennes,

ce qui m'irritais.

Maintenant, je me demande :

La musique, sortait-elle des murs
ou des peintures sur les murs de la grande salle
du château ?
Ou de mes propres peintures
qui m'entourent dans mon appartement,
adossées ou accrochées aux murs ?

Et dont quelques-unes sont très vieilles, mais pas si vieille comme le château imaginé, bien évidemment,
provoqué par la musique de la symphonie de Schubert.

J'ai cherché la Symphonie sur mon smartphone dans le programme de la chaine pour savoir de quelle symphonie de Schubert il s'agissait.

Mais je ne l'ai pas trouvé. Normalement je trouve, cette fois-ci pas.

C'était comme disparu, même le jour après j'ai encore cherché en vain.

Je suis sûre, que ce n'était pas un rêve.

Peut-être ils ont spontanément changé leur programme de musique, car le programme de la musique classique pour le soir en question ne comportait pas de Symphonie de Schubert.

Ce qui m'a ému profondément,

c'était la fusion

avec la Symphonie de Schubert, les peintures et moi

au point que mon besoin de sortir avait disparu.

Où suis-je ?

Die Schubert Symphonie

Wie stets vor dem Einschlafen,

drückte ich auf den Knopf meines Radios,

das neben meinem Bett auf einem Tischchen stand.

Ein Orchester spielte eine Symphonie von Schubert.

Ich weiß nicht warum, aber ich drehte den Sender nicht weiter.

Es gab offenbar etwas in dieser Symphonie,

das mich anzog,

obwohl das Bild, das mir durch den Kopf ging,

eher verstörend war.

Ich war eingeschlossen in einem großen Saal eines Schlosses, dessen Wände und Decken

ganz und gar mit alten Malereien ausgestaltet waren,

pastellfarben und flüchtig in der Erscheinung.

Ich war entsprechend der Epoche gekleidet,

jener Zeit, in der das Schloss noch bewohnt war und dort ein reges, freudvolles Treiben herrschte.

Ich suchte den Ausgang,

weshalb ich beständig von einem Ende zum anderen lief,

als wenn ich berauscht von der Musk wäre und gleichzeitig verzweifelt

sogar die Wände abtastete, aber keine Tür fand.

Dann bemerkte ich, dass die Musik der Symphonie

aus den bemalten Wänden und Decken kam.

Sie waren offenbar mit der Musik der Symphonie

eins geworden.

Das machte mich glücklich

und verrückt zugleich.

Ich dachte gar nicht mehr daran,

den Ausgang zu suchen.

Am Anfang war ich mir eines Äußeren bewusst,

daher wollte ich nach draußen.

Es war mir, als hätte ich sogar einen großen
Garten durch das Fenster gesehen,

einen Schlossgarten.

Ich dachte sogar, dass die Musik draußen im
Schlossgarten spielen würde,

aber ich sah keine Musiker*innen,

das irritierte mich.

Mir wurde zu diesem Zeitpunkt bewusst,

dass ich von der Musik der Symphonie, die aus
den Wänden des Schlosses kam, umgeben war.

Doch frage ich mich jetzt,

ob sie aus den bemalten Wänden und Decken
des Schlosses kam

oder kam sie aus meinen eigenen Malereien,

die mich in meiner Wohnung umgaben,

die gerahmt an den Wänden hingen, auf dem
Boden standen oder an der Wand lehnten?

Etliche waren schon sehr alt, aber natürlich nicht so alt wie das imaginierte Schloss,

hervorgerufen durch Schuberts Symphonie.

Später suchte ich sie im Radioprogramm auf meinem Smartphone, um sie am nächsten Tag noch einmal aufzurufen und abermals hören zu können.

Ich wurde jedoch nicht pfündig, sie war verschwunden, auch am folgenden Tag suchte ich umsonst.

Ich bin sicher, dass es kein Traum war.

Vielleicht wurde das Programm spontan geändert.

Was mich zutiefst berührte, war die Fusion der Symphonie mit der Malerei und mir,

so dass das Bedürfnis hinauszuwollen nicht mehr existierte.

In welcher Welt befand ich mich?

L'eau tranquille

Je regarde l'eau.

Elle est tranquille,

à part de toutes petites vagues,

qui frémissent,

et qui nous rappellent,

que la vie bouge

à l'extérieur comme à l'intérieur.

On descend dans les profondeurs de l'eau

à l'intérieur,

où dorment les choses et les êtres,

lesquelles nous croyons morts,

effacés dans notre intérieur.

Mais c'est de la tromperie.

Ils sont toujours là.

Les choses et les êtres,

se réveilleront un jour,

quand quelqu'un ou quelque chose

les touche par hasard.

Un geste surgit,

un visage apparait

du noir,

du profondeur,

provoque la peur,

de sorte que le même désastre

se reproduise,

le traumatisme se réveille.

La jeune femme violée,

qui, d'un coup, dans le métro

regarde dans les yeux de son violeur,

qui lui sourit en pose de vainqueur.

Paniquée,

elle descend.

Son violeur est sorti de la prison

plus tôt que prévu.

La police lui dit,

qu'il n'est plus violent,

un rapport médico-légal le confirme.

On lui montre des photos,

sur lesquelles il est avec sa femme et ses enfants,

souriant et jouant un père de famille inoffensif.

Elle demande à la police

une surveillance, qui lui est accordée.

Mais après deux semaines

la police lui dit, que rien ne s'était passé,

rien de ce qu'elle craignait,

et donc la surveillance s'arrête.

Elle est désespérée.

Le violeur, qui de son côté a observé la police,

remarque qu'ils ont arrêté l'observation

et passe à l'acte,

maintenant avec l'intention de tuer la femme.

À la dernière minute, elle est sauvée

par l'engagement personnel d'un policier, qui n'a pas cru à l'innocence du violeur, lequel avait déjà violé six femmes et a donc continué de le surveiller.

Comment vivre à l'avenir ?

Elle regarde l'eau,

qui bouge imperceptiblement.

Les vagues,

qui frémissent

lui disent,

que dans la profondeur

tout est encore là.

.

Stilles Wasser

Ich blicke auf das Wasser.

Es ist ruhig.

Nur kleine, zitternde Wellen,

erinnern sie daran,

dass das Leben immer in Bewegung ist,

äußerlich wie innerlich.

Im Inneren

ist das Wasser tief.

Dort schlafen die Dinge und Menschen,

die verschwunden sind,

vielleicht tot,

ausgelöscht.

Das ist jedoch eine Täuschung,

denn sie sind immer da.

Sie erwachen eines Tages,

wenn eine Person oder etwas

sie zufällig berührt.

Eine Geste taucht auf,

ein Gesicht,

offenbar aus dem Nichts,

aus der Tiefe.

Die Angst, dass die Katastrophe

sich wiederholen könnte,

das Trauma wieder erwacht.

Die vergewaltigte Frau, die unvorhersehbar in
der U-Bahn auf einmal

in die Augen ihres Vergewaltigers blickt,

der sie siegesgewiss und unverschämt anlächelt.

Erstarrt vor Angst steigt sie aus.

Ihr Vergewaltiger ist vorzeitig aus der Haft entlassen worden.

Ein Gutachter hat ihn als geheilt beurteilt.

Die Polizei sagt, dass er nicht mehr gewalttätig sei.

Der Oberkommissar zeigt der jungen Frau Fotos ihres Vergewaltigers, auf denen er lächelnd mit seiner Frau und seinen Kindern zu sehen ist.

Er sei jetzt ein harmloser Familienvater, sie könne ganz beruhigt sein!

Sie beantragt dennoch eine Überwachung.

Sie wird ihr zugestanden, aber nach 14 Tagen zieht man die Beamten,

die sich über die sinnlose Mehrarbeit beklagt hatten, wieder ab, denn es sei nichts von dem passiert, was sie befürchtet habe und wovor sie Angst habe.

Der Mann sei unauffällig geblieben.

Sie ist verzweifelt, weil sie jetzt ohne Schutz ist.

Der Vergewaltiger der seinerseits die Polizei beobachtet hatte, stellte fest,
dass man ihn nicht mehr observierte und machte sich bereit,
die junge Frau erneut zu vergewaltigen und dieses Mal zu töten.

In letzter Minute wird sie durch den persönlichen Einsatz eines Kommissars gerettet, der, nachdem die Überwachung beendet wurde, nicht daran glaubte, dass der Vergewaltiger, der bereits sechs Frauen vergewaltigt hatte, nicht noch einmal zum Täter werden würde.

Wie in Zukunft leben?

Sie schaut auf das Wasser,

das sich unmerklich bewegt

und ihr sagt,

dass in der Tiefe,

noch alles da ist.

La colère congelée

La colère brulante,

la colère froide,

la colère figée,

congelée.

D'un coup l'explosion,

je ne comprends pas.

Tout cela remontait à plusieurs décennies.

Je croyais, que tout cela

serait de la poussière d'autre fois,

des cendres.

Mais soudain, imprévisiblement,

se déchaine une forte colère.

Comme si la bulle de dépression avait éclaté,

le refoulement identifié,

le recul,

le non-dit,

ce qui n'a pas été mis en mots,

par peur de blesser celui

que j'aimais à l'époque,

mais par qui j'ai été rejeté

soudainement.

Chaque mot s'était éteint

immédiatement

et a provoqué l'horreur silencieuse,

qui a détruit l'intérieur en fleur,

l'amour.

Eingefrorene Wut

Brennende Wut,

kalte Wut,

erstarrte Wut,

eingefroren.

Plötzlich die Explosion,

unbegreiflich.

Alles lag schon Jahrzehnte zurück.

Ich dachte, dass das alles

nur noch Staub von damals wäre,

Asche.

Jedoch plötzlich und unvorhersehbar

brach sich eine starke Wut Bahn.

Als wenn die Depressions-Blase geplatzt wäre,

die Verdrängung identifiziert,

der Rückzug,

das Totschweigen,

das, was nicht in Sprache verwandelt worden war,

um denjenigen nicht zu verletzten,

den sie damals liebte,

der sie plötzlich und unerwartet zurückstieß.

Jegliches Wort,

jegliche Sprache,

erlosch.

Stiller Horror

zerstörte das Innere,

das blühende Innere

die Liebe.

La vie ratée

Qui dit cela ?

Qui juge ?

Tu ne peux pas faire autrement,

donc ta vie n'est pas ratée.

Les autres se posent en juge,

mais toi,

que dis-tu ?

Tu ne te sens pas heureuse,

mais contente de ta petite vie,

à laquelle manque beaucoup de choses :

Des concerts, des pièces de théâtres, des expositions, des livres, des films, …

Une richesse subventionnée le plus souvent,

presque toujours, disent les parents,

sans subvention cette richesse culturelle n'existerait pas.

Mais il y a des expositions, des films et des livres,

que tu aimes,

qui te sont chers,

indispensable,

parce qu'ils te nourrissent.

Ils sont tes compagnons,

sont tes interlocuteurs,

tes interlocutrices.

Les parents étaient des paysans,

qui n'avaient pas envie d'aller au cinéma.

La terre demandait toute leur force,

leur engagement complet.

Les discussions portaient sur l'élevage des animaux

et sur la culture des champs.

Ils avaient du travail,

du petit matin au tard le soir.

Je ne sais pas vraiment,

s'ils étaient heureux.

J'avais l'impression, qu'ils aspiraient à une vie meilleure

avec du temps libre

pour peut-être aller danser, aller en vacances

et pour peut-être faire encore autres choses.

Quand la vie a changé,

quand ils n'ont plus mené une vie de paysan,

il me semblait, que cela ne les a rendu pas plus heureux qu'avant.

Ils étaient frustrés,

car sans formation plus élevée,

leur vie restait pauvre, restreinte

comme s'ils faisaient du surplace.

Ils s'étonnaient, que le restaurant de la fac était toujours plein d'étudiants et d'étudiantes qui y prenaient leur repas de midi chaque jour, et qui profitaient partout des réductions de prix, surtout concernant la vie culturelle et le transport public.

Ma mère pensait que c'était parce qu'ils représentaient le futur. Elle était cependant fière d'avoir réussi leur vie par le travail de leurs mains et pas par l'aide publique. C'était leur fierté à eux.

C'était donc une catastrophe,

un affront à leur égard,

que j'ai dû demander de l'aide publique

à un moment difficile de ma vie.

Que reste-il à la fin de vie,

quand on fait ses comptes ?

Peut-être la honte,

peut-être la satisfaction,

peut-être d'avoir été fidèle à soi-même,

fidèle à ses convictions.

Les comptes de ce qu'on a donné aux autres,

de ce qu'on a pris aux autres.

Il y a tant de comptes à rendre.

Et aussi rendre des comptes à Dieu,

si on est croyant.

Et si Dieu

se trouvait en nous-mêmes ?

Si Dieu était le doute,

qui nous habite ?

Notre mauvaise conscience,

mais aussi notre désir,

notre capacité d'aimer,

la défiance

et la confiance.

Si Dieu serait la contradiction ?

Je n'ai pas remarqué un tel doute

chez ma mère ou mon père.

Ils ont pris leurs décisions

sans en avoir le moindre doute.

Ils étaient des gens vertueux.

Ma mère disait toujours :

« Je n'ai rien à me reprocher ! »

À la fin de sa vie,

atteinte d'une tumeur cérébrale,

elle disait d'un ton reprochant :

« Je n'ai pas mérité cela ! »

Et quand mon père est mort

à la suite d'une crise cardiaque,

elle disait que c'était de ma faute, à cause de ma vie ratée.

Ce n'est pas facile d'accepter la fin de vie,

surtout quand elle se montre différente de ce que l'on voudrait qu'elle soit.

Déjà au cours de la vie

on n'aime pas toujours ses présentations,

ses déguisements,

ses exigences.

Mais ma mère

les avait toujours accepté,

les changements de la vie,

même concernant la politique, elle disait

Le temps a changé !

Par-là elle voulait dire,

qu'elle avait accepté le changement,

soit-il bon ou mauvais.

Même sur l'holocauste,

la persécution et l'assassinat de millions de Juifs et d'autres concitoyens et concitoyennes non aimés,

elle disait : « Les temps étaient ainsi ! »

après avoir tout nié.

Elle était très fâchée,

que je posais des questions.

D'après elle, je n'étais qu'une bonne fille

tant que j'étais encore enfante.

Cependant l'éducation à l'obéissance,

à la suppression de mon caractère propre

m'a coûté cher.

Ainsi peut se dérouler une vie.

Ainsi sont les vies un certain temps,

jusqu'au moment où elles s'éteignent.

Das missratene Leben

Wer sagt das?

Wer richtet darüber?

Du kannst es nicht anders machen,

als wie du es machst.

Dein Leben ist also nicht missraten,

auch wenn die anderen es so sehen.

Sie spielen sich als Richter*in auf.

Aber du, was sagst du?

Du fühlst dich nicht glücklich,

aber bist zufrieden mit deinem kleinen Leben,
in dem vieles fehlt:

Konzerte,   Theaterstücke,   Ausstellungen,
Bücher, Filme, … .

Ein subventionierter Reichtum, oft, fast immer,
sagen die Eltern,
ohne Subventionen würde dieser Reichtum
nicht existieren.

Aber es gibt Ausstellungen, Filme und Bücher,

die dir gefallen,

die dir unentbehrlich sind,

weil sie dich ernähren.

Sie sind deine Begleiter*innen,

deine Gesprächspartner*innen.

Die Eltern waren Bauern,

„Landwirt und Landwirtin", wie die Mutter
betonte.

Ihnen stand nicht der Sinn danach,

ins Kino zu gehen.

Die Kultivierung der Erde

erforderte all ihre Kräfte,

ihren ganzen Einsatz.

Ihre Gespräche drehten sich um die

Aufzucht der Tiere,

um die Bestellung des Ackers,

um die Arbeit, die von früh bis spät erledigt werden musste.

Ich weiß wirklich nicht zu sagen,

ob sie glücklich waren.

Ich hatte aber den Eindruck,

sie ersehnten ein besseres Leben,

eines mit mehr Zeit und Freizeit,

vielleicht um tanzen zu gehen,

um in Urlaub zu fahren,

und sicher noch für anderes.

Als ihr Leben sich änderte,

schien es mir,

dass sie nicht glücklicher waren als zuvor.

Sie waren frustriert,

denn ohne höhere Bildung

und kulturelle Teilhabe

schien ihr Leben arm und beschränkt zu sein,

als wenn sie auf der Stelle träten.

Sie staunten darüber, dass die Mensa der Universität immer voll mit Studenten und Studentinnen war, die dort jeden Tag zu Mittag aßen und generell von ermäßigten Preisen profitierten, besonders im kulturellen Leben und im Verkehrs Sektor.

Meine Mutter glaubte, dass es so sei, weil sie die Zukunft repräsentierten. Sie war aber dennoch stolz, dass ihr eigenes Leben ihr gelungen schien und das durch ihrer Hände Arbeit und nicht durch Subventionen, durch öffentliche Gelder. Das war ihr Stolz.

Es war daher eine Katastrophe,

ein Affront gegen sie,

als ich öffentliches Geld

in einem schwierigen Moment

meines Lebens

beantragen musste.

Was bleibt am Ende des Lebens,

wenn Bilanz gezogen wird?

Scham?

Befriedigung?

Die Treue gegenüber sich selbst?

Treue gegenüber den eigenen Überzeugungen?

Rechenschaft gilt es abzulegen,

darüber, was anderen gegeben wurde,

darüber, was anderen genommen wurde.

Rechenschaft auch gegenüber Gott,

für die, die gläubig sind.

Was wäre, wenn sich Gott in uns befände?

Wenn Gott der Zweifel und der Widerspruch
wäre,

unser schlechtes Gewissen, unser Begehren,

unsere Fähigkeit zu lieben,

unser Misstrauen,

unser Vertrauen?

Mir schien, dass meine Eltern Entscheidungen trafen,

an die sie nicht im Geringsten zweifelten.

Es waren rechtschaffene Leute.

Meine Mutter sagte stets,

sie habe sich nichts vorzuwerfen,

gar nichts.

Am Ende ihres Lebens

wurde bei ihr ein Gehirntumor festgestellt.

Dazu sagte sie in einem vorwurfsvollen Ton,

„Das habe ich nicht verdient!

Als mein Vater

an einem Herzinfarkt starb,

sagte sie, dass es meine Schuld sei, wegen meines missratenen Lebens.

Es ist nicht einfach,

das Ende des Lebens zu akzeptieren,

besonders dann nicht, wenn es so verläuft,

wie es einem nicht gefällt.

Schon im Laufe des Lebens,

lieben die Menschen nicht immer seine Ausprägungen und Herausforderungen.

Aber meine Mutter

hatte sie immer akzeptiert,

die Veränderungen des Lebens,

sogar in der Politik.

Sie sagte dann:

Die Zeiten haben sich geändert!

Das bedeutete, dass sie die Veränderungen akzeptiert hatte, egal ob sie gut oder schlecht waren.

Sogar zum Holocaust,

der Verfolgung und Ermordung

von Millionen Juden, Jüdinnen und anderen geächteten Mitbürger*innen,

sagte sie: „Die Zeiten waren so!"

nachdem sie zuvor alles geleugnet hatte.

Sie war sehr verärgert, dass ich Fragen stellte.

Ihrer Meinung nach, war ich nur als Kind

ein gutes Mädchen.

Die Erziehung zum Gehorsam indessen, die Unterdrückung meines eigenen Charakters,

habe ich bitter bezahlt.

So sind die Leben

eine gewisse Zeitlang,

bis zu dem Moment,

in dem sie erlöschen.

Arrêtons de diaboliser

Le O

c'est le plaisir du corps,

plus précisément du corps bas

et encore plus précisément

du clitoris.

Un délit,

dont j'ai honte.

J'ai une mauvaise conscience

quand je m'abandonne,

quand le plaisir ruisselle

le long de mes hanches,

de mes cuisses,

de mon bas ventre,

de ma colonne vertébrale,

de mon vagin,

de mon clitoris.

Qui, j'en ai honte,

surtout, parce que cela m'arrive

encore à mon âge de 75 ans.

Je suis une femme âgée.

Il ne faut donc pas s'abandonner,

se livrer au plaisir,

qui semble être réservé aux jeunes.

Il n'y a personne,

qui l'interdit,

ça vient de l'intérieur.

Peut-être de la religion.

J'allais à l'église,

la petite fille et l'adolescente que j'étais.

J'écoutais attentivement

les sermons qui endoctrinaient,

et chantais des cantiques religieux.

Le cœur vide et en détresse se remplissait de ces
sermons et de ces cantiques de l'église

en laissant l'enfante et l'adolescente

déchirée entre culpabilité et désir

avec une seule issue, celle de l'obéissance.

Nous sommes à Dieu,

nous n'aurions pas de vie à nous.

Ce serait un péché.

C'est une mutilation.

Éradiquer le diable,

le clitoris

le désir,

le plaisir du corps,

le corps féminin culpabilisé

le corps féminin en soi,

son besoin de vivre,

d'être aimé entièrement,

le corps, le cœur et l'âme.

Hören wir mit der Verteufelung auf!

Der O

ist das Vergnügen des Körpers,

genauer gesagt des Bauches,

noch genauer gesagt des Unterbauches,

und noch genauer,

der Klitoris.

Ein Vergehen,

das mich mit Scham und Schande erfüllt,

mit einem schlechten Gewissen,

wenn ich mich hingebe,

wenn das Vergnügen durch den Körper rieselt,

sich den Weg bahnt,

entlang meiner Hüften,

meiner Oberschenkel,

meines Bauches,

meiner Wirbelsäule,

meiner Vagina,

meiner Klitoris.

Scham auch, weil es mich in meinem Alter

von 75 Jahren immer noch überrascht,

Ich bin eine Frau in fortgeschrittenem Alter,

die sich dem Vergnügen

nicht mehr hingeben sollte,

welches der Jungend

vorbehalten zu sein scheint.

Es gibt niemanden,

keine Person, die das verbietet,

das kommt aus dem Inneren.

Vielleicht von der Religion.

Ich ging als kleines Mädchen und Jugendliche in die Kirche,

hörte den indoktrinierenden Predigten

von der Kanzel herunter zu

und sang die Kirchenlieder abertausend mal.

Die Lieder und Predigten füllten das leere Herz,

sie ließen ein Mädchen, eine Jugendliche zerrissen zwischen Schuld und sehnsüchtigem Begehren zurück,

mit dem einzigen Ausweg des Gehorsams.

Es hieß, wir gehören Gott

und dürften kein eigenes Leben haben,

das sei eine Sünde.

Ein eigenes Leben sei von vorne herein sündhaft,

vor allem ein sexuelles.

Das ist eine Verstümmelung.

Den Teufel ausrotten,

herausschneiden

aus dem Körper der Frau,

die weibliche Lust,

das weibliche Begehren,

die Klitoris.

Den weiblichen Körper an sich verdammen,

als schuldhaft denunzieren

und auch die weibliche Sehnsucht nach Liebe.

La Jeunesse

Ce qui est pour et ce qui est contre.

La liberté parle pour.

La vie libre

dans la nature.

Mais quand tu es doux,

quand tu me parles doucement,

je dois penser à elle,

ta femme.

Je sais,

elle est morte,

mais tout de même

omniprésente,

quand tu racontes la vie,

que vous avez construite ensemble.

Des grands et vieux arbres devant les fenêtres.

Les voisins devenus des amis,

et la mer tout près.

Les petits et les grands sont des rats d'eau,
ils nagent ou surfent.

« Maintenant, tu sais où je me sens bien ! »,
écris-tu.

Il est difficile d'oublier,

que tu m'avais repoussé,

soudainement

et irrévocablement.

Bien sûr,

nous étions jeune,

nous n'avions que 17 ans.

C'était notre jeunesse.

La mienne a été détruite.

Ma vie se reconstruirait,

ce ne serait pas un problème.

Reste le désir

de liberté,

de plaisir,

de rêver,

d'oublier,

d'espoir.

Die Jugend

Was spricht dafür, was spricht dagegen?

Die Freiheit spricht dafür.

Für das freie Leben

in der Natur.

Wenn du dich mir näherst,

muss ich an sie denken,

an deine Frau.

Ich weiß,

sie ist gestorben,

dennoch omnipräsent,

wenn du erzählst,

wie und was ihr euch alles aufgebaut habt.

Vor den Fenstern hohe, alte Bäume,

Nachbarn, die Freunde geworden sind,

und das Meer ganz nah.

Die Kleinen wie die Großen sind Wasserratten,
schwimmen und surfen.

„Nun weißt du, wo ich mich wohl fühle!"
Schreibst du mir.

Doch schwerlich kann ich vergessen,

dass du mich plötzlich

zurückgestoßen hast.

Natürlich, wir waren jung.

Es war unsere Jugend,

meine, die zerstört wurde,

die sich jedoch leicht wieder

herstellen ließe,

das wäre doch kein Problem.

Bleibt das Bedürfnis

nach Freiheit,

nach Lust,

nach Träumen,

nach Vergessen,

nach Befreiung,

nach Hoffnung.

Tu ne crois plus aux mots bienfaisants

Rêver,

jouer,

plaisanterie,

rire,

caresses,

espoir.

Pourquoi

mets-tu en premier lieu

les mots négatifs ?

Pourquoi tu refoules,

nies-tu les mots

qui représentent la bonne qualité de la vie ?

Comme

joie,

fêter,

cadeau,

solidarité,

amitié,

plaisir,

serviabilité,

la volonté d'aider,

humanité,

sourire,

amabilité,

gentillesse,

construction,

confiance.

Où sont partis ces mots ?

Qu'est-ce que tu as fait d'eux ?

Pourquoi ne reste-il

que des mots comme

tristesse,

suicide,

maladie,

guerre,

ennemi,

catastrophe,

génocide,

armes,

tragédie,

destruction,

méfiance,

torture,

meurtre,

discrimination,

misogynie,

féminicides,

racisme,

fascisme,

agression,

violence.

Le monde est bien triste,

dans lequel tu as atterri.

Il y règne le désespoir.

Du glaubst nicht an die wohltuenden Worte

als da sind:

Träumen,

spielen,

Spaß haben,

lachen,

zärtlich sein,

hoffen.

Warum setzt du negative Wörter an die erste
Stelle?

Warum verdrängst du,

verleugnest du die Wörter,

die die gute Seite des Lebens repräsentieren?

Als da sind

Freude,

Feier,

Geschenk,

Solidarität,

Freundschaft,

Vergnügen,

Hilfsbereitschaft,

Menschlichkeit,

Lächeln,

Liebenswürdigkeit,

Aufbau,

Vertrauen.

Wo sind diese Worte hin?

Was hast du mit ihnen gemacht?

Warum sind hauptsächlich negative Worte geblieben?

Traurigkeit,

Selbstmord,

Krankheit,

Krieg,

Feindschaft,

Katastrophe,

Genozid,

Völkermord,

Waffen,

Tragödie,

Zerstörung,

Misstrauen,

Folter,

Mord,

Diskriminierung,

Frauen Feindlichkeit,

Frauenmorde,

Rassismus,

Faschismus,

Aggression,

Gewalttätigkeit.

Die Welt, in der du gelandet bist,

ist eine traurige,

durch Hoffnungslosigkeit geprägt.

La futilité

La futilité.

Ce n'est pas bien qu'un poème

commence par ce mot destructif.

Ça dépend.

Le mot « futilité » ne signifie pas toujours
la négativité de la vie,
au point qu'on n'a plus envie de vivre.

Au contraire, ça peut être très positif,
d'admettre que la vie
ne peut plus continuer de cette manière.
Qu'il faudrait changer son mode de vie,
son emploi du temps.

Ça peut signifier, qu'il faut un changement,
qu'il faut refaire sa vie,
la diriger dans une autre direction, laquelle
apporte plus de joie.

Tout changement est difficile,
évidemment,
mais il peut s'avérer,

qu'il y a un sens dans

la futilité,

une puissance

de développer une créativité,

une volonté de construire une vie meilleure.

Sentir la futilité,

signifie aussi l'opportunité

de prendre en main une autre chose,

laquelle peut donner naissance

à un bonheur inouï.

Die Sinnlosigkeit

Sinnlosigkeit.

Es ist nicht gut, wenn ein Gedicht,

mit einem so negativ belasteten Wort beginnt.

Doch hängt es davon ab.

Es bezeichnet nicht immer

die Negativität des Lebens,

die Unlust am Leben,

den Wunsch sich auszulöschen.

Es kann positiv sein, festzustellen,

dass es nicht so weitergehen kann wie bisher,

in der gewohnten Art und Weise.

Die Lebensweise

müsste verändert werden,

der tägliche Ablauf.

Es könnte bedeuten,

das Leben in eine neue Richtung zu lenken,

die mehr Freude bereit hält.

Jede Veränderung ist schwierig,

natürlich,

aber es gibt einen Sinn

in der Sinnlosigkeit.

Sie beherbergt

ein großes Potential,

eine große Kreativität,

eine große Kraft,

Neues zu entwickeln,

ein neues Leben aufzubauen,

und ein ungeahntes Glück zu spüren.

Quand on pense à la mère

Quand on pense à la mère,

qui est morte

par les bombes de guerre,

ainsi que le mari,

ainsi que les enfants.

Seul le bébé a survécu

à la terreur,

aux bombes de guerre.

On l'a trouvé

blessé,

sans mains,

sans pieds,

sous les décombres

du bâtiment,

qui s'est écroulé sous les bombes,

comme milliers d'autres maisons,

qui ont hébergé

des civiles, des innocents,

qui n'ont rien à voir avec la guerre,

des bébés,

des mères,

des femmes,

des hommes,

des vieilles,

des vieux,

des infirmes

des enfants.

Mais les soldats commandés

les prenaient tout de même pour cible.

Il fallait absolument tuer, tuer sans regret,

anéantir,

détruire,

semer la mort,

semer la haine,

semer la terreur.

Puis ils hissent le drapeau,

signe d'avoir conquis le pays

d'avoir gagné le pouvoir

et de régner dès lors sur un champ de morts.

Comment peuvent-ils croire

que c'est bien ?

Wenn man an die Mutter denkt

die tot ist,

getötet durch die Bomben des Krieges,

genauso wie ihr Mann,

genauso wie ihre Kinder.

Allein das Baby hat überlebt,

den Terror,

die Bomben.

Es wurde gefunden,

am ganzen Körper verletzt,

ohne Hände,

ohne Füße,

unter den Trümmern

des Gebäudes,

das zusammengestürzt ist

wie tausend andere Häuser,

in denen Unschuldige wohnten,

die nichts mit dem Krieg zu tun hatten,

Kinder,

Babys,

Mütter,

Frauen,

Männer,

alte Frauen,

alte Männer,

Behinderte,

Kranke.

Für die befohlenen Soldat*innen jedoch

sind sie Kriegsziele gewesen.

Töten ohne Bedauern.

Die Hauptsache ist es zu töten,

mächtiger zu sein als der andere,

Sieger zu sein.

Vernichten,

zerstören,

den Tod säen,

Hass säen,

Terror säen.

Dann hissen sie die Fahne,

Zeichen ihrer Machtübernahme

und ihrer Regentschaft über ein Totenfeld.

Wie können sie glauben,

dass das gut ist, was sie tun?

La pluie

Sous un ciel bleu

se retrouvent tous,

et regardent le ciel bleu fascinant,

merveilleux

indescriptible,

énigmatique,

qui fait naitre un sourire sur les visages de tous.

Quand il pleut,

les gens se dispersent dans toutes les directions,

cherchent un abri

dans une entrée d'une maison quelle conque

ou sous un parapluie

ou dans un café,

où tous se retrouvent à nouveau.

Ceux, qui sont rentrés,

sont chez eux avec leurs familles

ou ils restent seuls.

Il y a encore le téléphone

pour joindre un ami, une amie

ou n'importe qu'elle autre personne.

Le cordon ombilical est important,

il peut avoir des différentes apparences.

Ça peut être un fil de téléphone,

visible ou invisible.

Un ciel bleu

disperse également les gens,

les uns vont à la mer,

les autres à la piscine,

ou ils s'allongent dans leur jardin

ou sur leur balcon.

Et les cafés sont pleins,

qu'il pleuve

ou que le ciel soit bleu.

N'oublions pas

les sans-abri,

les gens, qui vivent dans la rue,

qu'il pleuve

ou que le ciel soit bleu,

qui n'ont pas de chez soi

ou le moyen de profiter autrement

d'une vie agréable.

N'oublions pas les malades

à la maison ou dans les hôpitaux,

les handicapés,

qui sont pointés

du doigt visible ou invisible.

Bien sûr, je les vois aussi,

les danseurs et les danseuses,

enveloppés de chaleur d'été,

sous un ciel bleu

ou dans une discothèque.

Et quand il commence à pleuvoir,

ils dansent tout de même.

Ça ne les dérange pas,

que leurs robes ou jeans

soient mouillés.

Ils fusionnent avec la musique,

avec la chaleur,

avec la pluie,

avec leurs mouvements de danse.

Ils oublient le temps,

et c'est bien.

Ils oublient dans cette nuit

aussi d'autres choses,

qui sont présentent dans leur vie,

quand ils ne dansent pas.

C'est la violence,

c'est l'agression,

c'est la haine,

c'est la destruction

de leur maison,

c'est la mort de leurs proches.

Ils ont échappé

à la fin du monde,

du noir,

du noirceur,

de la fumée.

Dans la nuit où ils sont plongés,

ils sont des ombres,

échappées aux atrocités.

La lumière de la discothèque,

qui les flashe,

ne cesse pas

de capter leurs visages,

pour les montrer dans leur nudité,

dans leur expression de souffrance,
de douleur.

Soudainement,
la lumière s'éteint.

Silence.

Tout le monde cherche un refuge
pour ne pas être visible
au moment où la lumière se rallume
et se propage pleinement
en se versant sur eux.

Le risque d'être dénoncé
est toujours là.
L'ennemi*e est parmi eux.

Quand tu rentres au petit matin,

tu vois les morts partout sur le sol,

tués par balle.

Ça peut t'arriver aussi,

juste là,

où tu marches tranquillement.

Tu le sais,

mais tu restes tranquille,

jusqu'au moment où il te semble,

que la morte devant toi sur le sol,

soit ton amie.

Sous le choc,

tu as failli avoir une crise cardiaque.

Tu t'agenouilles auprès d'elle,

ton amie,

jeune comme toi.

Tu prends son visage dans tes mains,

tu le caresses.

Tu lui parles doucement,

alors qu'en même temps tes larmes

fluidifient le sang sur ses lèvres.

Puis le bruit d'une balle,

qui entre dans ton dos.

Tu tombes

sur ton amie morte.

Une nuit, un jour,

le noir et la lumière,

c'est irritant,

le va et vient,

le passage

du noir à la lumière,

de la lumière au noir.

Il y a des personnes qui en ont de la nausée,

d'autres s'effondrent,

et encore d'autres s'y sont habitués.

Peut-être pas vraiment, iels font semblant.

Iels veulent tenir le coup.

Iels tiennent le coup.

Jusqu'au moment, où iels succombent

à une balle dans leur dos,

ou dans leur ventre,

ou dans leur cœur,

et qu'iels tombent.

Une nouvelle pluie s'abat sur la terre,

se renforce.

Un vent se lève.

Ils font rage ensemble,

ne connaissent pas de pitié.

Une inondation plonge tout dans l'eau,

l'homme vivant, l'homme mort,

les bêtes et les maisons,

tout se noie.

Comment peut la vie continuer ?

On voit une fine tige

avec des feuilles fraiches vert clair

émerger de l'eau.

La vie recommence,

la vie belle et la vie mauvaise.

Regen, nichts weiter

Es kann auch ein blauer Himmel sein,

unter dem sich alle einfinden,

dessen Azurblau sie fasziniert betrachten.

Es ist wunderbar,

tief und rätselhaft.

Es zaubert ein Lächeln auf die Gesichter.

Doch wenn es zu regnen beginnt,

zerstreuen sich alle,

laufen fort in alle Richtungen,

suchen Schutz unter einem Regenschirm,

in einem Hauseingang oder in einem Café,

in dem sich die meisten einfinden.

Diejenigen jedoch, die nach Hause eilten,

sind in ihren vier Wänden mit ihren Familien zusammen

oder alleine mit sich selbst.

Überdies gibt es das Telefon,

um einen Freund zu erreichen, eine Freundin.

Allen ist eine Nabelschnur wichtig,

unabhängig von den Erscheinungsweisen,

und sei es eine Telefon Schnur,

sichtbar oder unsichtbar.

Aber auch ein blauer Himmel

zerstreut die Leute.

Die einen fahren ans Meer,

die anderen ins Schwimmbad

oder sie legen sich in den Garten

oder auf den Balkon.

Die Cafés sind voll,

ob es regnet

oder der Himmel glänzt.

Vergessen wir jedoch nicht

die Obdachlosen,

die Menschen, die auf der Straße leben,

ob es regnet

oder der Himmel azurblau strahlt,

diejenigen, die kein Zuhause haben,

die über keine Mittel verfügen,

ein angenehmes Leben zu führen.

Vergessen wir nicht die Kranken

zu Hause und in den Hospitälern,

nicht die Behinderten,

auf die mit sichtbarem oder unsichtbarem

Finger gezeigt wird.

Natürlich sehe ich auch

die Tänzer und Tänzerinnen,

eingehüllt in Sommerwärme,

unter blauen Himmel

oder die, die in einer in einer Diskothek tanzen.

Wenn es zu regnen beginnt,

tanzen sie trotzdem weiter.

Es macht ihnen nichts aus,

dass ihre Kleider und Jeans durchnässen.

Sie verschmelzen mit der Musik,

mit der Wärme,

mit dem Regen,

mit ihrem Tanz,

mit ihren Bewegungen.

Sie vergessen die Zeit,

und das ist gut so.

Sie vergessen in dieser Nacht alles,

was in ihrem Leben gegenwärtig ist,

wenn sie nicht tanzen.

Das ist die Gewalt,

die Aggression,

der Hass.

Das ist die Zerstörung ihres Hauses,

das ist der Tod ihrer Familie,

ihrer Verwandten und Freunde.

Sie sind Entkommene,

dem Ende der Welt,

dem Schwarzen,

dem Rauch,

dem Qualm.

In der Nacht, in die sie eingetaucht sind,

sind sie lebende Schatten,

den Grausamkeiten entkommen.

Das Licht in der Diskothek,

flashed die Tanzenden,

hört nicht auf, ihre Gesichter einzufangen,

um sie in ihrer Nacktheit zu zeigen,

in ihrem Ausdruck des Leidens,

des Schmerzes.

Plötzlich
geht das Licht aus.

Stille.

Alle suchen so schnell wie möglich Schutz,
um nicht sichtbar zu sein,
wenn das Licht wieder erstrahlt
und sich über sie ergießt.

Die Gefahr denunziert zu werden,
zu Unrecht angezeigt zu werden,
aus erfundenem Grund.

Diese Gefahr ist immer da.
Der Feind, die Feindin ist fortwährend da,
pausiert nicht.

Wenn du in der Morgenröte,

heimkehrst zu dir,

in dein Haus,

siehst du auf deinem Weg

die Toten

überall auf dem Boden liegen,

getötet durch eine Kugel.

Das kann dir auch passieren,

genau jetzt,

da du in aller Ruhe

nach Hause gehst.

Du weißt das,

natürlich,

aber du bleibst ruhig,

bis zu dem Moment,

in dem du in der Toten

vor dir auf dem Boden,

in deren Gesicht du zufällig schaust,

deine Freundin

erkennst.

Geschockt

entgehst du knapp

einem Herzinfarkt.

Du kniest nieder,

dicht bei deiner Freundin,

jung wie du.

Du nimmst ihr Gesicht in deine Hände,

streichelst es,

während du sanft zu ihr sprichst,

und deine Tränen

das Blut auf ihren Lippen verflüssigen.

Plötzlich

das Geräusch einer Kugel,

die deinen Rücken trifft.

Du fällst vornüber,

auf den toten Körper deiner Freundin.

Eine Nacht, ein Tag,

das Schwarze und das Licht.

Das Kommen und Gehen irritieren,

die unaufhörliche Veränderung.

Der Wechsel von der Dunkelheit

zum Licht,

von der Helligkeit

zur Dunkelheit.

Einige spüren Übelkeit,

andere brechen zusammen,

wieder andere sind daran gewöhnt,

vielleicht nicht wirklich,

sie tun vielleicht nur so.

Sie wollen durchhalten,

sie halten durch,

bis zu dem Moment,

in dem sie eine Kugel

in den Rücken trifft,

in den Bauch,

in ihr Herz,

und sie zu Boden fallen.

Erneut einsetzender Regen

prasselt auf die Erde nieder.

Starker Wind kommt auf.

Sie wüten gemeinsam,

kennen keine Gnade.

Eine Überschwemmung

taucht alles unter Wasser,

die Lebenden und die Toten,

die Tiere, die Häuser,

alles versinkt im Wasser.

Wie kann das Leben weitergehen?

Aus dem Wasser steigt eine zarte Pflanze

mit frischen, grünen Blättern empor.

.

Das Leben beginnt von Neuem,

das gute Leben und das schlechte Leben.

La plaie béante

Si je n'y vais pas,

si je refuse l'invitation,

le voyage vers toi,

c'est bon signe.

C'est que j'accepte,

ce qui s'est passé autrefois,

à l'époque, où nous étions jeunes.

Les blessures profondes,

qui ne se guérissent pas facilement,

peut-être jamais.

Mon chemin

ira dans la direction inverse,

revoir

les couleurs de Chagall,

surtout son bleu,

revoir

les formes de Matisse

et les ruines de monastère,

revoir

les sculptures de Niki de Saint Phalle,

revoir

les cailloux brillants à la plage,

les sentir sous mes pieds,

revoir

les gens qui glissent dans la mer

sur les amas de cailloux sur la rive

revoir

la vieille juive

si elle est encore en vie,

assise sur un banc dans le jardin des grands palmiers

où se trouvent des livres utilisés.

La vieille femme juive

m'avait demandé,

si la persécution et l'assassinat des Juifs

pouvaient se produire à nouveau,

ces jours-ci.

Face à la montée de la droite,

ma réponse était

oui.

Tant qu'il n'y a pas de refus,

de rejet

de l'idéologie nazie

dans le peuple,

ma réponse sera

oui.

Die klaffende Wunde

Wenn ich die Einladung nicht annehme,

die Reise zu dir,

so ist das ein gutes Zeichen.

Denn damit akzeptiere ich,

was damals passiert ist,

zu jener Zeit,

als wir jung waren.

Die Verletzungen

sind tief,

heilen nicht leicht,

vielleicht nie.

Meine Reise

geht in die umgekehrte Richtung,

dorthin, wo die Farben Chagalls strahlen,

besonders sein Blau,

wo die Formen von Matisse eine einfache Sprache sprechen,

die Ruinen des Klosters von Cimiez Zeugnis ablegen,

wo die Skulpturen von Nicki de Saint Phalle im Museum für Moderne Kunst wieder entdeckt werden wollen,

wo glänzende Kielsteine am Strand

meine Fußsohlen massieren,

wo die Einheimischen,

die in- und ausländischen Feriengäste den Abhang aus Kieselsteinen

ins Meer hinunterrutschen,

wo die alte Jüdin,

- wenn sie denn noch lebt -

im Palmengarten

-wo gelesene Bücher zurückgelassen werden –

sitzt und mich fragt,

ob sich die Verfolgung und Ermordung der Juden

auch heute noch wiederholen könnte?

Angesichts des steigenden Zuspruchs

für die rechte Partei,

war meine Antwort

Ja.

Solange die Menschen

die Ideologie der Nazis

nicht ablehnen,

nicht zurückweisen,

ist meine Antwort

Ja.

L'embryon avorté

L'enfant avorté

me poursuit tous les jours.

Je pense souvent à elle.

L'embryon avorté serait certainement devenu une fille.

Je ne l'avais pas demandé à la gynécologue,

qui avait accepté de pratiquer l'avortement

pour mille D-Mark à l'époque,

quand l'avortement était interdit.

Elle prenait le risque

parce que j'étais prof.

Elle pensait que j'étais fonctionnaire,

mais j'étais enseignante salariée.

Le père ne voulait ni l'enfant,

ni le mariage, ni vivre ensemble,

éventuellement avec moi mais sans mon petit fils aveugle.

J'étais étudiante

et déjà mère d'un enfant aveugle.

Sa cécité a été la suite

d'une tumeur cérébrale à l'âge de 3 ans.

Je ne sais pas,

si un jour il a pensé à l'enfant non né.

S'il a repensé à notre décision

mortelle pour l'enfant à naitre.

Après il s'est marié,

mais ils n'ont pas eu d'enfants.

Puis le divorce,

et après la perte d'une femme,

qu'il aimait bien,

qui avait succombé à un cancer

après douze ans de vie commune.

Ces jours-ci,

il a plus de 80 ans.

Il voyage beaucoup.

Parfois ce sont des voyages

vers des lieux comme « Marienbad », « Karlsbad » « Franzensbad », qui sont des stations thermales, où il reçoit des massages et autres soins.

Parfois ce sont des voyages lointains où il réserve à l'avance un hôtel avec piscine.

Il reste la plupart du temps

allongé près de la piscine,

bien qu'il ne nage pas.

Il évite l'eau de la piscine,

l'eau de la mer,

et aussi la plage.

C'était déjà comme ça à l'époque.

Nous nous sommes disputés, car je préférais la plage.

Il a le sentiment qu'il n'est plus vraiment

de ce monde.

Parce que mes mains sont vides,

dit-il, tandis que celles des autres

tiennent un smartphone.

En outre

tout le monde est habillé en jeans,

même les vieux,

sauf lui.

Et sauf lui,

tous les vacanciers et toutes les vacancières

portent des espadrilles

ou des chaussures de sport.

Aussi ils mangent trop,

sauf lui.

Après les heures à la piscine,

suit son entrainement

dans la salle de gym de l'hôtel,

une continuation

de son entrainement à la maison.

Il n'oublie pas de m'envoyer

une carte postale,

sur laquelle les images pourraient me plaire,

et peut-être aussi

à la petite fille,

si elle n'avait pas été avortée.

Elle serait peut-être partie en vacances

avec lui, son papa.

Elle l'aurait peut-être motivé

à prendre un bain de mer.

Mais la petite fille,

elle est morte.

Et le vieux papa de plus de 80 ans,

est assis sur un canapé rouge mat, feutré, en velours,

qu'il a choisi avec la femme aimée

qui a malheureusement

succombé à son cancer.

Il y est assis en lisant un livre,

qu'il a prêté en hâte à la bibliothèque

dès qu'il est rentré de vacances.

Dans le livre il s'agit d'une vie perdue,

d'une vie, qui n'a pas vu le jour,

d'une vie, qui a été oppressée.

Il lit pour se distraire.

Ce n'est plus comme autrefois

le journal politique allemand

« Le Miroir »,

ou les livres du psychiatre Ronald D. Laing.

Souvent il part pour son logement en copropriété à l'étranger, c'était déjà le cas à l'époque où nous étions encore ensemble, mais je n'avais pas le droit d'y aller avec lui. C'était réservé pour lui et sa mère, qu'il adorait et avec qui il vivait ensemble. Son père était mort d'un cancer. Sa future femme était contrariée, parce qu'il logeait sa mère dans leur maison sans lui demander son accord. Les deux femmes étaient des adversaires et après 20 ans de querelles entre eux, l'épouse a été hospitalisée dans la psychiatrie. Après ils se sont divorcés et elle s'est remariée avec un homme qu'elle a connu à l'hôpital psychiatrique.

« Tu n'es qu'un pauvre cochon ! »

Avec ces mots

une condisciple l'a agressé à l'époque.

Elle conduisait une grande Citroën qui appartenait à son mari avec qui elle vivait ensemble.

Après les études de pédagogie, elle est devenue psychothérapeute comme son nouvel ami qui l'était déjà et qui était adoré par elle comme un gourou. Ce n'était donc pas étonnant qu'ils pratiquaient une même version douteuse de la psychothérapie après son déménage chez lui à Berlin.

Quand je lui ai rendu visite avec mon petit garçon aveugle, elle disait, après un après-midi ensemble sur le terrain de jeu pour enfant, que je devrais partir de chez elle, car elle ne supporterait pas mon côté dépressif. Elle avait demandé l'avis de son ami lequel je n'ai pas vu, il lui a recommandé que moi et mon fils devraient partir.

À 22.30 heures, il arrête sa lecture.

Il avale sa pilule Melatonin,

pour vite s'endormir, dit-il,

au lieu d'être tourmenté infiniment

par des pensées sombres,

qui le tirent vers l'abime.

Silence.

Le sommeil est arrivé,

le petit frère, la petite sœur

de la mort.

La mort

du petit enfant,

de notre enfant.

Est-il vraiment mort

ou est-ce qu'il dort comme toi

et se réveillera demain ?

À moins que tu ne te réveilles plus,

parce que tu es mort aussi

ou moi,

comme notre enfant tué,

quand il a été encore un embryon

dans mon ventre,

dans mon utérus.

.

Das abgetriebene Kind

Es verfolgt mich alle Tage.
Ich denke oft
an sie.

Sie,
weil ich denke,
es wäre ein Mädchen geworden.
Ich habe vergessen,
die Gynäkologin zu fragen.
Sie hatte für 1000 D-Mark akzeptiert,
die Abtreibung vorzunehmen,
damals, als es noch verboten war.

Sie ging das Risiko ein,
denn ich war zu jener Zeit Lehrerin.
Sie dachte, ich sei verbeamtet,
aber ich war nur angestellte Lehrerin.

Der Vater

wollte das Kind nicht.

Weder das Kind

noch die Ehe,

noch zusammenwohnen,

eventuell mit mir,

aber nicht mit meinem blinden Sohn.

Ich war Studentin und Mutter

eines im Alter von 3 Jahren

aufgrund eines Gehirntumors

erblindeten Kleinkindes.

Ich weiß nicht,

ob er eines Tages daran gedacht hat,

an das ungeborene Kind,

Ob er noch einmal

an unsere unwiderrufliche und

tödliche Entscheidung

für das Kind

gedacht hat?

Er hat geheiratet,

aber sie haben keine Kinder.

Dann die Scheidung,

und danach der Verlust

einer Frau, die er sehr liebte,

die nach zwölf gemeinsamen Jahren

an Krebs starb.

In diesen Tagen

ist er über 80 Jahre.

Er reist viel.

Manchmal zu Kurorten wie « Marienbad »,
« Karlsbad » « Franzensbad »,

wo er Massagen genießt und andre
Anwendungen.

Manchmal bucht er Fernreisen

und Hotels mit Schwimmbad,

denn er bleibt gerne am Pool,

geht aber nicht ins Wasser.

Er meidet das Meer,

das war schon damals so

und führte zu Unstimmigkeiten,

denn ich bevorzugte den Strand und das Meer,

er hingegen die Liege am Pool.

Er hat seit einiger Zeit das Gefühl,

dass er nicht mehr von dieser Welt ist.

Er sagt, dass seine Hände leer sind,

während die der anderen

ein Smartphone halten.

Fast alle trügen Jeans,

sogar die Alten,

außer ihm,

und außer ihm,

trügen alle Urlauber*innen

Espadrilles oder Turnschuhe,

und außer ihm,

würden alle zu viel essen.

Nach mehreren Stunden am Pool,

trainiert er im Geräteraum des Hotels,

um sein Muskel Training von zu Hause fortzusetzen.

Er vergisst nicht, mir eine Ansichtskarte

aus dem Urlaub zu schicken,

von der er hofft,

dass mir die abgebildeten Sehenswürdigkeiten gefallen werden,

und vielleicht auch dem kleinen Mädchen,

wenn es nicht abgetrieben worden wäre.

Sie wäre vielleicht mit ihrem Papa

in die Ferien gefahren.

Sie hätte ihn vielleicht dazu motiviert,

ein Bad im Meer zu nehmen.

Das kleine Mädchen

ist tot.

und er, der Papa,

über 80 Jahre alt.

Er sitzt auf dem roten Sofa

- ein gedämpftes Rot -

das er mit jener geliebten Frau,

die an Krebs starb,

auswählte.

Er liest ein Buch,

das er nach seiner Rückkehr aus dem Urlaub

in der Bibliothek ausgeliehen hatte,

zu dem er ohne groß zu überlegen in Eile
gegriffen hatte.

Das Buch handelt von einem verlorenen Leben,

von einem Leben, das nie das Licht der Welt erblickte,

weil es unterdrückt wurde.

Er liest, um sich zu zerstreuen.

Er liest nicht mehr wie früher, um sich zu informieren und zu bilden,

die politische Wochenzeitung „Der Spiegel"

oder Bücher des schottischen Psychiaters

Ronald D. Laing.

Oft fährt er auch ins Ausland, wo er eine Eigentumswohnung besitzt. Schon damals, als wir noch zusammen waren, fuhr er dorthin, allerdings durfte ich nicht mit. Die Wohnung war ausschließlich für ihn und seine Mutter, die er sehr bewunderte und mit der er zusammenlebte. Sein Vater war an Krebs gestorben. Zum Leidwesen seiner zukünftigen Ehefrau zog seine Mutter, was nur mit ihrem Sohn abgesprochen war, mit ins Eigenheim. Die beiden Frauen waren Gegnerinnen, was schließlich nach zwanzig Jahren Querelen dazu führte, dass seine Frau in die Psychiatrie kam. Nach ihrer Entlassung ließen sie sich scheiden und sie heiratete den Mann, den sie in der Psychiatrie kennen gelernt hatte.

„Du bist ein armes Schwein!"

Mit diesen Worten griff ihn eine Kommilitonin an,

die einen großen Citroën fuhr, mit dem sie angab, der aber ihrem Mann gehörte, mit dem sie zusammenlebte.

Schließlich trennte sie sich von ihrem Mann und zog nach Berlin zu ihrem neuen Freund, der Psychotherapeut war, von dem sie ehrfürchtig sprach und den sie wie einen Guru bewunderte. Sie ließ sich ebenfalls in diesem Beruf ausbilden und auch in derselben fragwürdigen Methode, die ihr Partner praktizierte.

Als ich sie mit meinem noch kleinen Sohn, besuchte, sagte sie nach einem gemeinsam verbrachten Nachmittag auf dem Kinder Spielplatz, dass ich wieder nach Hause fahren solle, denn sie würde meine depressive Gestimmtheit nicht ertragen. Vorher hatte sie ihren Partner gefragt, den ich nicht zu Gesicht bekam. Er war der Meinung gewesen, dass ich und mein Sohn abreisen sollten.

Punkt 22.30 Uhr beendet er seine Lektüre.

Er schluckt eine Melatonin Tablette,

um schnell einzuschlafen,

statt, wie er sagt, sich mit quälenden Gedanken

lange Zeit im Bett herumzuwälzen

und von diesen in den Abgrund gezogen zu werden.

Stille.

Der Schlaf ist eingetreten.

Der kleine Bruder,

die kleine Schwester

des Todes.

Des toten, kleinen Kindes,

unseres Kindes.

Ist es wirklich tot?

Oder schläft es wie du?

Und erwacht morgen früh wie du?

Es sei denn,

du wachst nie mehr auf.

Dann bist du auch tot

oder ich,

wie unsere Tochter,

das abgetriebene Embryo

in meinem Bauch,

in meiner Gebärmutter.

Vagues sauvages

La mer agitée

tout près.

Vagues sauvages,

sur lesquelles le surfeur se balance au loin.

Un sentiment de rédemption le remplit,

de délivrance,

d'apesanteur.

Il devient celui,

qu'il est,

indépendant,

libre,

un avec la nature.

Wilde Wellen

Das bewegte Meer

in der Nähe.

Es wirft wilde Wellen,

der Surfer schwingt auf ihnen weit hinaus.

Ein Gefühl des Erlöstseins tritt ein,

der Befreiung,

der Schwerelosigkeit,

Das Gefühl, der zu werden,

der er ist,

unabhängig,

frei,

eins mit der Natur.

L'écolière

L'enfant au bord de la cour d'école,

la cour de récréation.

L'enfant sur les escaliers de l'école,

qui mènent

sur la cour de récréation.

La sonnerie de l'école retentit.

Les enfants

se précipitent dehors,

sortent en trombe

en plein air

dans la cour de récréation.

Les garçons

commencent tout de suite

à jouer au foot.

Les filles sautent à la corde,

boitent sur une jambe,

entrent dans les cases,

qu'elles ont dessiné sur la cour de récréation asphaltée.

Mais beaucoup d'enfants,

garçons et filles,

ne font rien de cela.

Ils se tiennent en groupes

et chuchotent entre eux.

On ne sait pas,

ce qu'ils mijotent,

ce qu'ils couvent.

Ils préparent toujours quelque chose,

une blague d'enfant,

une farce enfantine,

une plaisanterie enfantine.

Il faut bien faire une gaminerie.

Une blague d'enfant doit être faite,

sinon pas de satisfaction,

de jubilation,

de la joie maligne,

du plaisir sadique

chez les filles comme chez les garçons.

La fille qui s'est arrêtée sur les escaliers,

qui mènent à la cour de récréation.

n'a pas le courage d'y aller avec les autres,

par peur que les enfants arracheront à nouveau
beaucoup de ses cheveux.

Ce n'étaient que des touffes de cheveux,

disent les garçons pour se défendre.

Dans la cabine de toilette pour filles,

ils ont rampé sous la porte, qui n'atteint pas le
sol pour la regarder et pour se moquer d'elle qui
se sent profondément humiliée.

Ce n'était que de la plaisanterie,

disent les garçons à leur défense.

Et les filles y consentent

que c'était pour crever de rire.

Ils continuent,

et les filles encouragent fortement les garçons.

Elle ne serait qu'une petite pute,

une refugiée d'Allemagne de l'Est.

Que-est-ce que peut être une fille refugiée

sinon une petite pute ?

Car elle n'a pas de place fixe et stable.

Elle est transférée d'un camp à l'autre,

d'un logement à l'autre.

Personne ne veut d'une fille refugiée.

Elle devrait disparaitre d'ici.

Nous l'aidons

par notre méchanceté

à disparaitre.

Elle n'a pas le droit d'exister,

pas ici,

chez nous.

Elle doit avouer,

qu'elle est une intruse,

une refugiée,

une pute.

Les garçons et les filles l'encerclent,

la harcèlent,

la maltraitent.

Ils tirent sur ses tresses,

touchent son chemisier

et sa jupe.

Ils lui crachent dessus,

et personne ne le voit,

car la fille disparait

dans la horde

qui l'encercle.

Ce n'était vraiment pas grave,

disent-ils au professeur.

Elle serait de tout de façon une pleurnicharde,

disent les filles au prof,

qui demande, si c'est vrai.

La fille commence à pleurer,

et quitte la salle de classe en courant.

Voilà !

S'exclament les enfants méchants.

Le prof tape sur son bureau,

et ordonne : Asseyez-vous !

Il a déjà oublié la fille.

Le cours commence.

La fille est dehors,

et elle reste dehors.

Tout a été mis sur le compte de
sa hypersensibilité.

Tous disent,
« Qu'à la fin,
rien de grave n'est arrivé ! »
Elle ne devrait pas faire
d'une mouche un éléphant !

Die Schülerin

Das Kind am Rande des Schulhofs.

Das Kind auf den Treppenstufen des
Schulgebäudes, die zum Schulhof führen.

Es hat gerade geläutet,

die Kinder sind hinausgestürzt,

ins Freie.

Die Jungen spielen sofort Fußball.

Die Mädchen springen Seil

oder hinken auf einem Bein in die Kästchen,

die sie mit Kreide auf dem asphaltierten Schulhof gezeichnet haben.

Viele Kinder - Jungen wie Mädchen - stehen auch nur so herum,

tuscheln in Gruppen.

Man weiß nicht, was sie im Schilde führen.

Sie führen immer etwas im Schilde.

Ein Streich muss sein,

sonst fühlen sie keine Befriedigung.

Das Mädchen,

das auf den Treppenstufen stehengeblieben ist,

sich nicht auf den Schulhof traut,

fürchtet um ihre Haare,

denn ein Büschel haben ihr die Kinder schon herausgerissen.

Das war doch nur ein Büschel,

sagen die Jungen zu ihrer Verteidigung.

Auf der Mädchen Toilette sind sie

unter die Toilettenkabine, die nicht ganz auf den Boden reicht, gekrochen,

um sich über sie lächerlich zu machen,

und sie zu demütigen.

„Das war doch nur Spaß!"

sagen die Jungen zu ihrer Verteidigung.

Die Mädchen stimmen zu,

denn das sei doch zum sich Totlachen.

Das böse Spiel geht weiter,

und die Mädchen unterstützen die Jungen
kräftig.

Sie sei doch sowie so eine kleine Hure,

ein Flüchtlingskind.

Was könne denn ein Flüchtlingskind anderes
sein, als eine kleine Hure.

Denn sie habe doch nirgendwo einen festen
Platz, wurde doch von Lager zu Lager
geschoben, von Wohnung zu Wohnung. Sie soll
von hier verschwinden.

Sie soll zugeben,

dass sie eine kleine Flüchtlingshure ist.

Die Jungen und Mädchen kreisen sie ein,

bedrängen sie,

ziehen an ihren Zöpfen,

zupfen an ihrer Bluse,

ziehen an ihrem Rock,

bespucken sie.

Niemand sieht es,

denn das Mädchen

geht in der sie einkreisenden Horde unter.

„War doch alles nicht so schlimm!"

„Es ist doch gar nichts passiert!"

Sie sei doch sowieso eine Heulsuse!

sagen sie dem Lehrer,

der sie fragt,

ob das stimmt.

Das Mädchen fängt an zu weinen,

es rennt aus dem Klassenzimmer.

„Da sehen Sie es !"

rufen die Schüler*innen.

Der Lehrer klopft auf das Pult.

Setzen! befiehlt er.

Der Unterricht beginnt.

Das Mädchen ist draußen,

und es bleibt draußen.

Alles wird

auf ihre Überempfindlichkeit

geschoben.

Im Endeffekt,

sagen alle Schüler*innen,

sei doch gar nichts passiert!

„Sie soll sich nicht so anstellen,

und aus einer Mücke einen Elefanten machen!"

Quand personne ne sait plus

où aller.

Si tu ne sais plus
où aller.
Si tu ne sais plus
d'où.
Si tu ne sais plus,
ce que tu veux,
où tu veux aller,
d'où tu viens,
ce que tu as à faire,
qui tu es.

Dans ce cas
tu es perdue.

Quand plus personne

ne te prend dans ses bras,

quand plus personne ne te chuchote un mot
d'amour,

ton nom,

lequel tu as oublié,

lequel tu voulais peut-être oublier,

pour être une autre,

à qui on parle,

dont le nom est appelé,

qui n'est pas seule,

qui peut s'assurer,

qu'il y a quelqu'un*e,

qu'il y a quelqu'un*e qui te parle,

te répond,

quand tu parles,

quand tu demandes.

Et quand tu chantes,

iel chante avec toi,

et prend ta main,

et se promène avec toi.

Qui te dit,

qui tu es,

que tu n'es pas seule,

que le dernier moment sera partagé.

Mais toi,

tu es déshonorée,

sans nom.

Toi, tu es tombée

dans le malheur.

Tu ne peux plus te lever,

te mettre debout.

Tu as condamné le monde,

et l'as aimé aussi.

Tu as oublié ton nom,

parce que personne

ne l'a plus prononcé.

Tu as tout perdu,

ton moi.

Tu ne peux plus voir,

marcher et parler.

Si au moins

tu pouvais te mettre debout,

te redresser,

prononcer un seul mot.

Si au moins

tu pouvais prononcer ton nom.

Wenn niemand mehr weiß

wohin.

Wenn du nicht mehr weißt,

wohin.

Wenn du nicht mehr weißt,

woher.

Wenn du nicht mehr weißt,

was du willst,

wohin du willst,

woher du kommst,

was du zu tun hast,

wer du bist.

Dann bist du verloren.

Wenn niemand mehr dich umarmt,

wenn niemand mehr dir ein liebes Wort
zuflüstert,

deinen Namen sagt.

Den du vergessen hast,

den du vielleicht vergessen wolltest,

um eine andere zu sein.

Eine, zu der gesprochen wird,

deren Namen gerufen wird,

eine, die nicht alleine ist,

die sich vergewissern kann,

dass eine Person da ist,

anwesend.

Eine, die eine Antwort erhält,

wenn sie spricht,

wenn sie fragt.

Und wenn sie singt,

jemand mit ihr singt,

deren Hand ein*e Freund*in nimmt,

und mit ihr spazieren geht.

.

Eine Person, die dir sagt,

wer du bist,

dass du nicht alleine bist,

dass der letzte Moment mit dir geteilt wird.

Doch ist es bei dir,

Namenlose,

nicht so.

Du bist ins Unglück gestürzt

und nicht mehr aufgestanden.

Du hast die Welt verdammt

und doch auch geliebt.

Du hast deinen Namen vergessen,

weil niemand mehr

ihn ausgesprochen hat.

Du hast alles verloren,
dein Ich.

Du kannst nicht mehr sehen
und gehen,
sprechen
kein Wort mehr.

Wenn
du nur aufstehen könntest,
ein Wort sprechen.

Wenn
du wenigstens deinen Namen wüsstest,
ihn aussprechen könntest,
deinen Namen.

Les couleurs nouvelles

Ce ne sont que deux.
Quand-même, ça fait déjà beaucoup
selon le point de vue.

C'est un bleu spécial,
on dirait un bleu pigeon,
une fois foncé
et une fois clair.

Ce n'est rien de particulier,
mais ça veut dire,
que le cri s'est arrêté.
Les couleurs criantes
doivent partager leur royaume
avec les couleurs douces.

Il y a ceux qui disent,

c'est un signe d'une dépression.

Je ne le vois pas ainsi.

C'est plutôt le retenu

au lieu de faire du bruit.

Ca fait du bien

se retenir au lieu de crier.

Ni l'un, ni l'autre

est pour toujours.

Je peux comprendre,

que cela fait peur,

car dans ce monde

on a peur de ne rien obtenir,

si on ne crie pas.

Celui,

qui crie le plus fort,

est le gagnant.

En politique

et en couple,

dans les familles,

parmi les enfants,

dans les groupes quelconques,

dans les sociétés.

Mais aussi en nous-mêmes

il y a des voix basses, faibles et des voix fortes.

Une hiérarchie,

de gagnant*es,

et de perdant*es.

J'aime bien les couleurs vives,

mais aussi les couleurs discrètes,

qui n'ont pas besoin,

d'être au premier rang,

qui n'ont pas besoin,

d'être en première place,

à moins que

cela ne vienne naturellement.

Il ne faut pas qu'une couleur

tienne toujours la première place,

ne cède jamais.

Comme quelques politiciens et politiciennes,

qui s'accrochent à leur poste,

à leur pouvoir,

jusqu'à la mort les menace.

Et les jeunes,

qui voulaient succéder,

sont déjà devenus vieux,

s'effondrent même,

sans qu'ils soient arrivés

au pouvoir.

Un équilibre vaut la peine.

Aussi sur le tableau

et sur la palette de couleurs.

Die neuen Farben

Es sind nur zwei.

Trotzdem,

das ist schon viel,

entsprechend dem Gesichtspunkt.

Es ist ein spezielles Blau,

ein Taubenblau,

einmal dunkel,

einmal hell.

Nichts Besonderes also,

aber es bedeutet,

dass der Schrei

aufgehört hat.

Die schreienden,

kreischenden Farben

müssen ihr Reich

mit den sanften Farben

teilen.

Es gibt diejenigen,

die sagen,

dass es ein Anzeichen

einer Depression sei.

Doch es ist vielmehr
Zurückhaltung
statt Lärm.

Es tut eher gut,
sich zurückzuhalten,
statt zu schreien.

Nicht das eine,
nicht das andere,
ist für immer.

Es ist verständlich,
dass es Angst macht.

Denn in dieser Welt
haben alle Angst,

nichts zu erhalten,

wenn sie nicht schreien.

Diejenigen,

die am lautesten schreien,

sind die Gewinner*innen.

In der Politik,

in der Ehe,

in der Paargemeinschaft,

in den Familien,

unter den Kindern,

in den Unternehmen,

in alle Gruppen.

Auch in uns selbst

gibt es die lauten und die leisen Stimmen,

eine Hierarchie

von Gewinner*innen

und Verlierer*innen.

Ich mag die lebhaften Farben,

aber auch die stillen,

die Zurückhaltung üben,

die nicht notwendigerweise

in der ersten Reihe rangieren müssen,

den ersten Platz einnehmen müssen,

es sei denn,

es ergibt sich von selbst.

Es sollte nicht so sein,

dass eine bestimmte Farbe

immer den ersten Platz besetzt hält,

nie darauf verzichtet

wie einige Politiker*innen

die an ihrem Posten kleben,

an ihrer Macht

bis zu ihrem Tode.

Die jungen Politiker und Politikerinnen,

die nachfolgen wollten,

sind inzwischen selbst alt geworden.

Sie brechen mitunter zusammen,

bevor sie an die Macht

gekommen sind.

Ein Gleichgewicht zu erreichen,

ist überall der Mühe wert.

Auch auf der Leinwand

und der Farbpalette.

L'annonce d'une guerre

Aujourd'hui,

où on est menacé par une guerre,

je me souviens

d'avoir écrit dans mon livre de 1980

sous le nom de lydia november,

intitulé « lydia novemer l.n. 1. » ,

avec beaucoup d'images de gravures et dessins,

un poème,

qui s'appelait en allemand « schwül »,

en français « il fait lourd ».

Dans le poème,

j'allume la radio,

et suis frappée d'une information,

d'une voix qui annonce,

que la guerre a éclaté.

Déjà à l'époque,

je croyais, qu'une telle agression,

une agression mortelle,

serait à nouveau possible.

Comme aussi la montée

d'une nouvelle droite,

enracinée dans l'ancienne.

Die Ankündigung eines Krieges

Heute sind wir wieder durch einen Krieg
bedroht.

Ich erinnere mich, schon 1980,

in meinem Buch „l.n.1", unter dem Namen Lydia November,

das auch viele meiner Zeichnungen und Radierungen enthält,

ein Gedicht mit dem Titel „schwül"

geschrieben zu haben.

In diesem Gedicht

schalte ich das Radio ein

und höre eine niederschmetternde Nachricht,

eine Stimme, die sagt,

dass Krieg ausgebrochen ist.

Schon damals glaubte ich,

dass eine solche Aggression, eine tödliche

von neuem möglich sei.

Wie auch der Aufstieg

einer neuen Rechten,

verwurzelt in der alten.

Il fait lourd (1978)

« La pause estivale

pour les politiciens, les politiciennes

s'achève. ».

Une radio allumée fait écho

dans l'appartement abandonné.

Jeudi, le 15.8.78, « courrier à midi »,

j'ai fait des courses,

je change mon pull,

à l'extérieur, c'est soudain été.

Les gens quittent les villes.

On ne peut pas imaginer,

que d'un coup, en vacances d'été,

la guerre éclate,

décidée par des hommes.

La radio interrompt l'émission.

Schwül (1978)

« Die Sommerpause in der Politik

geht allmählich dem Ende zu."

Ein Radio hallt

durch die verlassene Wohnung.

Dienstag, 15.8.78, „Kurier am Mittag".

Ich war einkaufen, wechsle den Pullover.

Es ist draußen plötzlich Sommer.

Menschen verlassen die Städte.

Es ist einfach nicht denkbar,

dass plötzlich

der Krieg

ausbricht.

Beschlossen von Männern

in der Sommerpause.

Das Radio unterbricht seine Sendung.

Le flacon d'eau de Cologne

Le flacon d'eau de Cologne

est vide.

Ma surprise est extraordinaire,

je suis stupéfaite,

car il s'agit de mon cadeau d'adieu.

Ma supérieure disait,

que c'est l'eau de Cologne,

qu'elle aime le plus,

qu'elle utilise toujours.

Mais pourquoi a-t-elle mis

un flacon vide dans la boite ?

Elle ne l'explique pas.

Elle achète un nouveau,

car elle a vu ma grande déception.

J'ai été harcelée

par certains collègues

- des psychologues, des professeurs, des
éducatrices sociales -.

mais elle,

elle a toujours été honnête envers moi,

au moins en apparence.

Le flacon vide

comme cadeau d'adieu

quand j'ai pris ma retraite à 67 ans,

me revient de temps en temps.

Cela correspond à mon sentiment

de n'avoir pas de valeur,

que je ne suis rien,

que je ne vaux rien.

C'est un piège,

dans lequel je me trouve

dès que je vais mal,

Il faut que je garde ce lien en tête,

pas seulement le flacon vide.

Das leere Fläschchen Eau de Cologne

Das Fläschchen Eau de Cologne
ist leer.
Meine Verblüffung ist groß.
Sie lässt sich nicht verbergen,
denn es handelt sich

um mein Abschiedsgeschenk.

Meine Vorgesetzte sagte,

es sei ein Eau de Cologne,

welches sie für sich selbst bevorzugt

und seit Jahren benutzt.

Aber warum

legte sie eine leere Flasche in die Verpackung?

Sie erklärt es nicht.

Sie kauft eine neue,

denn sie hat meine große Enttäuschung gesehen.

Gewiss, ich wurde von einigen Kolleg*innnen - Psycholog*innen, Lehrer*innen und Sozialpädagog*innen - gemobbt.

Aber sie selbst verhielt sich stets loyal,

jedenfalls dem Anschein nach.

Diese leere Flasche,

das Abschieds Geschenk,

als ich mit 67 Jahren in Rente ging,

kommt mir hin und wieder

in den Sinn.

Es korrespondiert mit dem Gefühl,

keinen Wert zu haben,

ein Nichts zu sein.

Das ist eine Falle,

in die ich mich vor allem dann begebe,

wenn es mir schlecht geht,

Diese Verbindung sollte mir im Gedächtnis bleiben,

nicht nur die leere Flasche Eau de Cologne.

Plaintes et Jérémiades (1980)

Déchirées en morceaux,

dispersées aux quatre vents,

plaintes et jérémiades,

à peine perceptibles.

Je les entends

sur les cordes du vent

pénétrant mon oreille.

Un vent qui se tourne et retourne

devant mes yeux

tirant des boucles.

Plaintes et jérémiades.

Le vent joue sur son instrument

parlant des damnés de notre terre.

Klagen und Jammer (1980)

In Stücke zerrissen,

in alle Winde zerstreut.

Klagen und Jammer,

kaum vernehmbar.

Ich höre sie auf den Saiten des Windes

in mein Ohr dringend.

Ein Wind, der sich dreht und wendet,

vor meinen Augen Schleifen zieht.

Klagen und Jammer.

Der Wind spielt auf seinem Instrument,

erzählt von den Verdammten unserer Erde.

Le sourire

Comme c'est beau,

le sourire

de quelqu'un, de quelqu'une

y compris les bébés, les enfants et les personnes
agées

dans la rue,

dans le bus,

dans le magasin,

dans le parc,

partout où on se croise.

Un sourire est désarmant,

il ouvre le cœur

vers l'autrui,

une seconde de bonheur

partagée.

Das Lächeln

Wie schön ist doch ein Lächeln

von einem, von einer,

von Babys, Kindern und Alten,

auf der Straße,

im Bus,

im Laden,

im Park,

überall dort,

wo sich Menschen begegnen.

Ein Lächeln ist entwaffnend,

öffnet das Herz,

ist eine geteilte Sekunde des Glücks

Muette (du livre lydia november l.n.1)

Enfante,

je suis restée muette.

Adulte,

je suis restée muette.

Est-ce que je parlerai

au soir de ma vie ?

Stumm (aus dem Buch lydia november l.n.1)

Als Kind

blieb ich stumm.

Als Erwachsene

blieb ich stumm.

Werde ich an meinem Lebensabend

reden ?

La vie est devenue étrange

Les rues,

dans lesquelles je me suis souvent

promenée.

Aujourd'hui j'évite les gens.

Avant je suis allée vers eux,

je leur ai même donné ma main.

Aujourd'hui, je suis devenue

étrange à moi-même,

sans amour de soi.

Je me regarde

froidement dans les yeux.

Je n'ai pas de compassion avec moi.

Où est-elle partie ?

Mais la compassion existait-elle déjà avant ?

Das Leben ist mir so fremd geworden

Die Straßen, in denen ich doch früher
so oft gegangen bin.

Heutzutage meide ich die Menschen,
früher bin ich auf sie zugegangen,
habe ihnen sogar die Hand gereicht.

Ich bin mir selbst fremd geworden,
lieblos sehe ich mich an.
Ich habe kein Mitgefühl mit mir.
Wo ist es geblieben?

War es überhaupt schon einmal da?

Quand le pays en été est couvert de neige

Quand le pays en été est couvert de neige,

et les arbres ne portent pas de fleurs,

pas de fruits.

Quand tout reste un souhait,

quand tout reste une fantaisie,

et même les souhaits

et les fantaisies

jaunissent

comme jaunit le papier,

comme l'encre sur une lettre pâlit.

Mais la lettre n'est qu'esquissée

dans l'esprit,

où on n'utilise pas d'encre.

Quand tout fini dans la poubelle,

le bien et le mal,

la beauté et la laideur,

la fidélité,

le renégat,

ce que tu as payé et pas.

Quand tu marches dans les crottes d'un chien,

et les autres rient,

ainsi que les propriétaires du chien.

Quand le pays couvert de neige

devient vert dans ton rêve.

Quand tu espères une vie,

dont l'air est plus frais, plus pur.

Quand tu verras

un rayon d'argent à l'horizon,

une lueur d'espoir dans la lumière du ciel.

Wenn das Land im Sommer

schneebedeckt ist

die Bäume keine Blüten tragen und Früchte.

Wenn alles nur Sehnsucht bleibt, die vergilbt,
wie Papier vergilbt,
wie Tinte verblasst,
wie ein mit Tinte geschriebener Brief,
jedoch nur im Geiste entworfen.

Wenn alles im Abfalleimer landet,
das Gute wie das Böse,
das Schöne und Hässliche,
das Abtrünnige,
das Bezahlte und Unbezahlte.

Wenn du in Hundekot trittst,
und die Leute darüber lachen,

wie auch die Hundehalter*innen.

Wenn das schneebedeckte Land
in deinem Traum grün wird.
Wenn du auf ein Leben mit
frischer und reiner Luft hoffst.

Wenn du einen Silberstreif am Horizont siehst,
einen Hoffnungsschimmer am Himmel.

Il neige

(du livre allemand « Der seine Stirn an den
Baum lehnte" (de celui qui appuyait son front
contre l'arbre) Gedichte 1967 -2017)

Il neige.

J`ai des pieds froids

dans ce café

vide.

La musique

neige

dans ce café

vide,

froid.

Rien ne chauffe

le cœur

vide,

froid.

Dans ce café

vide,

froid.

Enneigé
le cœur
vide,
froid.

Aucun rayon
de soleil.
Un jour
triste.

Printemps,
été,
automne
sont partis.

Il en reste
une rivière de tristesse

pour l`hiver.

Une grande
blessure.

Il neige en moi.

La douleur en moi.

Mes pieds
ont froid
dans ce café
vide.

Es schneit

Es schneit.
Ich habe kalte Füße
in diesem Café,
das leer ist.

Die Musik schneit
in diesem Café,
das leer und kalt ist.

Nichts wärmt
das Herz,
das leer und kalt ist
in diesem Café,
das leer und kalt ist.

Eingeschneit ist
das leere und kalte Herz.

Kein Sonnenstrahl.

Ein trauriger Tag.

Frühling,

Sommer,

Herbst

sind vergangen.

Es bleibt

ein Fluss

von Traurigkeit

für den Winter.

Eine tiefe Verletzung in mir.

Es schneit in mir.

Der Schmerz in mir.

Meine Füße sind kalt

in diesem Café,

das leer ist.

Le matin

(du livre allemand « Der seine Stirn an den Baum lehnte" (de celui qui appuyait son front contre l'arbre) Gedichte 1967 -2017)

Le matin

est encore jeune.

La pluie tombe

sur ta tombe.

Tu me souris

à travers les fleurs,

qui éclatent

tous les étés

sur ta tombe.

M'entends-tu ?

Vois-tu mon sourire

pendant la floraison des fleurs

tous les étés?

Mon cœur

est essoufflé,

épuisé,

il lutte contre la chaleur.

Notre lit

était

ma tombe,

où

tu m`avais dis

„Ma colombe!"

Der Morgen

Der Morgen ist noch jung.

Regen fällt auf dein Grab.

Du lächelst durch die Blumen

auf deinem Grab,

die jeden Sommer erblühen.

Hörst du mich?

Siehst du mein Lächeln

während der Blütezeit

im Sommer?

Mein erschöpftes Herz

kämpft mit der Hitze.

Unser Bett wurde mein Grab,

auf dem du mir einst sagtest:

« Meine Taube ! »

Entends-tu les coups de feu ?

Entends-tu les coups de feu
à la périphérie de la terre ?

Non,
parce que c'est ici
dans le centre du pays,
et cela brise mon cœur.

Ne vois-tu pas,
que je saigne ?

Une balle m'a touché.

Prends-moi dans tes bras,
je meurs.

Hörst du das Schießen am Rande der Welt?

Nein,

es ist doch hier,

im Zentrum des Landes,

und bricht mir das Herz.

Siehst du denn nicht,

dass ich blute?

Ein Schuss

hat mich

getroffen.

Nimm mich in die Arme,

ich sterbe.

Le soir tombe

Le soir tombe lentement
sur nous.
Il est beau,
doux
apaisant.

L'espoir grandit en moi.

Je me précipite de pharmacie en pharmacie
pour obtenir l'antibiotique, prescrit contre
l'inflammation douloureuse de ma vessie.

Je traverse les espaces verts
situés derrière les grandes rues
pour éviter la circulation.

Le soir tombe,

il est merveilleux,

je l'aspire.

J'espère que les comprimés

contre les germes vont être efficace.

Mais déjà la 3ème pharmacie

ne les a pas en stock.

Je traverse lentement les espaces verts,

car je ne peux pas marcher plus vite,

ma vessie douloureuse m'ordonne

de marcher lentement.

Je profite de la soirée

douce,

qui tombe sur la journée,

lentement.

Merci pour le cadeau

de la promenade du soir.

Comment tous les réfugiés au monde

parviennent-ils à vaincre le froid dans leur tente,

les infections de vessie, les bronchites et d'autres maladies ?

L'obscurité du soir est parfaite.

Je n'entends que ma vessie.

Elle crie,

elle pleure,

elle est désespérée.

D'un coup, j'entends les oiseaux.

Ils gazouillent,

ils chantent

en cette soirée magnifique.

Dans la 5e pharmacie

je fais la commande de mes antibiotiques.

Je rentre.

Au lieu des oiseaux

j'entends les voitures.

Au lieu de l'air frais du vert,

je respire les gaz d'échappement.

Le moment heureux

n'a pas duré longtemps,

il est vite passé.

Der Abend senkt sich

ganz allmählich
auf uns herab.

Wie schön,
wie mild,
wie besänftigend.

Hoffnung
wächst in mir.

Ich haste von Apotheke zu Apotheke,
um das dritte, verschriebene Antibiotikum
zu erhalten, das hoffentlich anschlägt.

Ich gehe durch die Parkanlagen,
hinter den Hauptstraßen gelegen,
um den Verkehr zu meiden.

Wunderbar,

wie in Zeitlupe

senkt sich der Abend.

Ich atme ihn ein.

Und hoffe,

dass die Tabletten gegen die beiden Keime

Proteusmirabilis,

(klingt nach Prometheus und Mirabelle)

und Enterococcus species,

(klingt nach Oktopus und Krokus)

wirksam sind.

Bereits die dritte Apotheke

hat es nicht vorrätig.

Langsam gehe ich durch den Park,

denn ich kann nicht schneller,

weil die Blasenschmerzen warnend sagen:

Langsam!

Ich genieße den Abend,

der sich über den Tag nieder senkt,

langsam,

langsam.

Danke für diesen Abendspaziergang.

Wie halten es die Flüchtlinge in aller Welt

in der Kälte in ihren Zelten aus?

Wie bezwingen sie ihre Blasenentzündungen,
ihre Bronchitis und all die anderen
Krankheiten?

Das Abenddunkel ist vollkommen.

Ich höre nur noch die Blase,

die schreit.

Sie weint,

sie ist verzweifelt.

Plötzlich höre ich die Vögel.

Sie zwitschern, sie singen.

Ein wunderbarer Abend.

In der fünften Apotheke

bestelle ich das Antibiotikum Cefixdura.

In den Straßen,

die mich nach Hause führen,

höre ich Autos statt Vögel,

statt der milden, sanften Luft,

atme ich Abgase ein.

Der glückliche Moment

war schnell vorbei.

L'aveugle

Le « makerspace » est un lieu où on crée   des objets.

Mon fils aveugle

y a imprimé sur une imprimante D3 un thermomètre pour aveugles.

Il n'a pas seulement inventé le mécanisme, la technique, mais aussi le design, sa forme, son apparence.

Il est très fier d'avoir inventé

l'intérieur et l'extérieur.

Il a inventé aussi un objet qui reconnait des couleurs, par exemple d'un pull,

et un autre objet, qui indique, qu'on marche vers le clair ou vers le sombre,

et encore d'autres objets, qui peuvent aider les aveugles dans leur quotidien.

Il en fait la présentation aux séminaires dans le cadre de son travail.

Mais d'abord, il s'en va à Stuttgart, où le festival de Braille aura lieu cette année.

Il y fait une apparition sur scène avec son nouveau programme, catégorie comédie.

J'ai vu il y a des années son programme de comédie à Berlin

où il est monté sur scène au Tempodrom, un lieu de spectacle et de concert, qui peut accueillir 3000 personnes.

Pour stocker les accessoires, qu'il utiliserait sur scène, il portait avec lui une mini-valisette jaune avec trois cercles noirs dessus, que j'avais peint expressément pour cet évènement selon son souhait. Je crois que tout le monde sait que les trois cercles noirs sur fond jaune signifient la cécité.

Je ne sais plus, si c'était avant ou après Dublin, où il a travaillé pendant cinq ans.

Un jour - il avait 35 ans - il a dit : « C'est maintenant ou jamais ! », il aurait l'âge.

Il avait entendu parler à la radio d'une société informatique renommée basée à Dublin et dans d'autres pays, qui cherchait du personnel. Il a donc posé sa candidature et a été invité malgré sa cécité.

Il s'envole alors pour Dublin, revient, et dit qu'il faut attendre 14 jours.

C'était un oui et donc il a fait ses valises.

Je m'occupais de son appartement, qui devait être refait pour le ou la locataire qui succédait. Cela voulait dire, que je devais peindre les murs et même les fenêtres, le propriétaire était très exigeant.

Pour le démontage du lave-linge un ami éloigné m'a aidé, il a aussi avec sa voiture emmené la moquette au centre de recyclage. Les seaux de peinture avec la peinture murale pendaient au guidon de mon vélo. C'est incroyable d'avoir géré tout ça.

L'entreprise de déménagement, qui a emmené ses affaires à Dublin, a aussi apporté beaucoup de choses chez moi directement au grenier, mais aussi dans mon appartement.

Après cinq ans, quand il est revenu, je lui ai aménagé une chambre dans mon appartement bien qu'il parte peu après pour Kerala en Inde pour faire un stage. Quand il est revenu, il a été pour un an sans logement et sans travail donc il lui fallait cette chambre.

Il a trouvé un appartement à Dublin, parce que le propriétaire croyait que c'était la dame voyante qui était avec lui, qui voulait vivre avec lui dans l'appartement. Mais ce n'était qu'une amie irlandaise sympa qui voulait aider.

Dans son spectacle comique, il parle des rencontres entre aveugles et non-voyants, des rencontres, qui sont parfois très drôle et laissent perplexe.

Nous nous occupons de son courrier, et il me parle de son séminaire concernant une pièce radiophonique. Il s'occupe de la technique et invente ensemble avec les participant*es l'intrigue. Il parle aussi des conférences et encore d'autres choses, dont il doit s'occuper.

Je pense aux chansons, qu'il a écrit et chanté, qu'il accompagne avec sa batterie, sa guitare, son harmonica, son ukulélé et sa mandoline.

Je pense aussi à une participante de ses séminaires qui habite dans le sud de l'Allemagne et qui lui a envoyé un paquet avec un gâteau dans un bocal à conserves, avec une lettre touchante pleine de reconnaissance.

Il aime faire du bien aux autres, mais aussi à lui-même. Il aime voyager et a été même aux États-Unis rendre visite aux amies américaines, qui sont des musiciennes. Il assiste aux concerts où il fait parfois des interviews, et il aime se retrouver avec des amis.

Avec une ancienne amie d'école il a été il y a quelques jours au théâtre « Kammerspiele » à Hambourg pour écouter une lecture sur Hitchcocks « Les oiseaux », modifié en « Hitch et moi » avec Jens Wawrczeck qu'il connait bien de la série de pièces radiophoniques « Drei Fragezeichen », « 3 points d'interrogation » et qu'il aimerait inviter au prochain séminaire concernant des pièces radiophoniques policières.

Quand je lui dis, qu'une amie qu'il connait très bien, est en visite à Liverpool et a posté des photos, il m'a rappelé qu'il y était 11 fois, une fois par an pour participer à la « Beatles convention », oui bien sûr, il a été un grand fan des Beatles. Il disait que les chansons de Beatles, qu'il connaissait tous par cœur, l'ont aidé dans sa solitude.

Récemment il a acheté une application pour apprendre à distinguer les voix des oiseaux. Il habite avec sa petite-amie en face d'un foret et ils écoutent beaucoup de concerts d'oiseau surtout le soir depuis leur balcon.

Je l'ai accompagné pour les élections européennes et pour l'assemblée de notre district. En traversant le parc je lui ai demandé si je pouvais faire une photo de lui, parce que je n'avais que des vieilles en raison de son refus constant. Mais cette fois-ci il a fait une exception et donnait son accord. Une de ces belles photos ai-je envoyé à un vieil ami qui le connaissait enfant. Il a répondu tout de suite :

« Merci, B.., entretemps devenu un homme âgé, calme et sympathique, qui me rappelle un noble français de l'époque Louis XIV, si on imagine qu'il porte les vêtements de cette époque-là. Cordialement à toi et à lui,… »

Un autre ami encore plus près de mon fils lors de son enfance était très reconnaissant de cette belle photo de lui.

On parle d'écriture. Je ne savais pas qu'il est en train d'écrire un livre qui s'appelle pour l'instant « canne (d'aveugle) et colère » dans lequel il écrit humoristiquement sur trois personnes aveugles. Je suis déjà très curieuse.

À l'hôpital il rend visite à un de ses meilleurs amis, qui a été atteint d'un cancer d'il y a six mois.
De l'hôpital il sera transféré dans un hospice.
Après trois jours seulement il recoit l'appel que son ami est décédé. Mon fils est abattu, déprimé, évidemment. Déjà un ami étroit a succombé à un cancer il y a quelques années.

Nous nous occupons de la nouvelle carte bancaire. Il se met devant son ordinateur qui lui lit, ce qu'il faut faire pour lier la nouvelle carte avec celle dans l'application de la banque. Mon rôle, c'est de lui lire à haute voix le numéro de la carte pour qu'il puisse le trouver dans l'application de la banque et pour faire ensuite la connexion. Mais ça ne marche pas. Les numéros ne correspondent pas. Il se décide d'appeler la banque le jour prochain et ferme le couvercle de l'ordinateur.

Néanmoins je cherche la faute dans les deux lettres écrites, l'une qui contenait la nouvelle carte et l'autre la description comment la connecter avec celle dans l'application de la banque. J'ai vu alors qu'il y avait deux numéros, un numéro de carte et un numéro ID de la carte. La faute était que je lui avais dicté le numéro de la carte au lieu du numéro ID de la carte. Il s'est donc mis de nouveau devant son ordinateur et avec le numéro ID la connexion se faisait sans problème.

Puis il y a encore la lettre de rappel de l'administration fiscale concernant la déclaration d'impôts pour 2022…

Il reste beaucoup de choses à faire avant qu'il ne parte en train chez sa petite-amie, aveugle comme lui-même.

Il est en train de chercher un café dans la Wandelhalle à la gare de Hambourg, pour une première rencontre des participant*es à un séminaire qu'il a organisé. Ils viennent de tous les endroits en Allemagne. On étudie le plan sur l'internet. Comme le terrain dans la Wandelhalle est très ouvert, il est difficile de trouver un endroit idéal. J'essaye d'écrire en détail les possibilités, finalement, le choix tombe sur le café-restaurant « Schweinske » au première étage, accessible par un escalator. Il faut décrire le chemin du quai jusqu'à la Wandelhalle et les deux escalators qui mènent au premier étage, dont l'un se trouve au sud et l'autre au nord. J'espère que ça marchera, il pense que mes descriptions sont utiles.

Il reste encore une autre chose ces jours-ci, c'est que le festival de la pièce radiophonique de Berlin sera transmis dans un livestream, il m'envoi le lien, car son troupe de créateurs et créatrices de pièce radiophonique y participent aussi.

Sur mon chemin de retour je pense à son livre qu'il est en train d'écrire qu'il appelle « canne et colère » (la canne blanche des aveugles). Au cours de sa vie il a déjà écrit des récits courts sur le thème de cécité et aussi dans son programme de comédie, la cécité est le sujet.

Il a été voyant, mais puis la lumière de l'œil, de ses yeux s'était éteinte à cause d'une tumeur. C'était une grande blessure. Il a jeté ses jouets d'enfant, car il ne pouvait pas les utiliser comme avant. Il a demandé à sa grand-mère : « Quelle est la couleur de ta robe, grand-mère ? » Et puis il a longtemps refusé tout contact avec des personnes aveugles. Cela a complètement changé. Entretemps il est un fervent défenseur de l'inclusion, il se bat pour les droits des aveugles et pour toutes les personnes handicapées, on peut dire pour les droits de chaque être humain.

Der Blinde

Im „Makerspace"

gibt es einen D3 Drucker, den er benutzte, um sein für Blinde erfundenes

Thermometer auszudrucken.

Ich bin von der runden, blauen Tonne fasziniert. Um die Tonne herum ist ein Band mit Blindenpunktschrift gewickelt und befestigt. Es gibt einen An- und Ausschalter, eine Batterie. Im Gehäuse befindet sich die Mechanik. Nach dem Einschalten sagt das Thermometer die Gradzahl an, die gerade vorherrscht.

Er ist sehr stolz, dass er nicht nur die Technik erfunden hat, sondern auch das Design.

Er stellt es neben anderen Hilfsmitteln, die er kreiert hat, im Rahmen seiner Arbeit auf einem Seminar und einem Festival für Blinde vor. Zu seinen weiteren Erfindungen zählt ein Objekt, das ansagt, ob sich die Person ins Helle begibt oder ins Dunkle. Ein weiteres Objekt kann Farben erkennen, z.B. die Farbe eines Kleidungsstücks. Allerdings gibt es diese Erfindung bereits auf dem Markt, jedoch hat er sich als Herausforderung gesetzt, dass es jeder, jede Blinde selbst herstellen kann.

Überdies hat er sich eine Comedy-show ausgedacht, die er seit Jahren auf der Bühne zum Besten gibt, insbesondre auf dem Louis-Braille Festival, das jedes Jahr stattfindet.
Ich erinnere mich an Berlin, dort habe ich seine Comedy-show im Tempodrom erlebt, ein Ort

für Konzerte und andere Spektakel, der über 3000 Plätze verfügt.

War das vor oder nach Dublin? Fünf Jahre lebte und arbeitete er in Dublin.

Er hatte von der freien Arbeitsstelle in einem renommierten IT-Unternehmen im Radio gehört. Er sagte: „Jetzt oder nie!" Denn er sei ja schon 35 Jahre alt. Er schickte also seine Bewerbung nach Dublin und wurde trotz seiner Blindheit eingeladen. Nach seiner Rückkehr musste er 14 Tage warten bis er einen positiven Bescheid bekam. Dann flog er für fünf Jahre nach Dublin.

Ich kümmerte mich um seine Wohnung, die für die nachfolgende Vermietung renoviert werden musste, das hieß, Wände streichen, sogar Fenster streichen, so verlangte es der Verwalter. Die Farbeimer mit der Wand- und Tür Farbe baumelten an meinem Fahrrad Lenker. Beim Abbau der Waschmaschine half mir ein Bekannter, der auch mit mir die Teppich Auslegware zum Receyclinghof fuhr.

Die Umzugs Firma, die seine Sachen nach Dublin brachte, brachte auch mir viele Sachen, die gleich auf meinen Dachboden kamen und zum Teil in meine Wohnung. Nach fünf Jahren, als er zurückkehrte, richtete ich ihm ein Zimmer ein, denn für ein Jahr war er, als er aus Indien kam, - ja Indien, denn er hatte sich nach Dublin für eine Ausbildung in Kerala in Indien beworben - erstmal ohne Wohnung und ohne Arbeit.

In Dublin hatte er dank einer irischen Freundin eine Wohnung gefunden. Sie war mit ihm zur Wohnungsbesichtigung gegangen, und der Vermieter nahm an, dass sie mit ihm zusammen einziehen wollte.

Für seinen Comedy-Auftritt im Berliner Tempodrom vor vielen Jahren hatte er seinen von mir gelb und mit drei schwarzen Punkten bemalten Mini-Koffer bei sich, aus dem er nach und nach die Utensilien für den Auftritt hervorholte.

Inzwischen hat er sich neue Inhalte ausgedacht.

Es geht immer um Begegnungen von Blinden und Sehenden, die oft komische Situationen hervorbringen.

Wir erledigen die Post, währenddessen erzählt er von dem Hörspielseminar, das er noch vorbereiten muss.

Ich denke an seine Lieder, die er geschrieben und gesungen hat, die er mit seinem Schlagzeug begleitet hat, mit seiner Gitarre, seiner Mundharmonika, seiner Ukulele und seiner Mandoline.

Ich denke auch an eine dankbare, blinde Seminar-Teilnehmerin, die ihm aus Süddeutschland einen Kuchen in einem Weckglas schickte, dazu einen berührenden Dankesbrief in Blindenschrift.

Er liebt es Gutes zu tun, anderen zu helfen.

Aber er denkt auch an sich. Er geht gerne auf Konzerte, wo er zuweilen Interviews führt. Er reist gerne, sogar in die USA, wo er schon zweimal seine amerikanischen Freundinnen besuchte, zwei Musikerinnen aus Florida. Er trifft sich gerne mit guten Freunden und Freundinnen.

Mit einer früheren Schulfreundin besuchte er dieser Tage das Theater „Kammerspiele" in Hamburg, um die Lesung von Hitchcocks „Die Vögel" zu hören, vorgetragen von Jens Wawrczeck unter dem Titel „Hitch und ich". Er kennt Jens noch aus der Krimi-Hörspielserie „Die drei Fragezeichen", die ihn als Kind begeisterte. Er beabsichtigt Jens Wawrczeck zu den Krimihörspielen für Blinde einzuladen.

Als ich ihm sagte, dass eine Freundin, die er ebenfalls gut kennt, gerade Liverpool besichtigt und Fotos gepostet habe, erinnert er sich und mich daran, dass er schon 11 mal in Liverpool war und zwar jedes Jahr zur „Beatles convention". Ja natürlich. Er war ein großer Fan der Beatles, deren Songs er alle auswendig gelernt hatte und die ihm, wie er sagte, in seiner Einsamkeit geholfen hätten.

Es gibt dieser Tage noch eine Sache, und zwar das Hörspielfestival in Berlin, das live im Internet übertragen wird, und an dem auch seine Truppe mit einem Hörspiel partizipiert. Er schickt mir den Link zum livestream, falls ich dabei sein möchte.

Kürzlich hat er sich eine App besorgt, mit der er lernt, Vogelstimmen zu erkennen, denn mit seiner Freundin wohnt er nahe am Wald, so dass sie vom Balkon aus wahren Vogel Konzerten begeistert zuhören können.

Ich habe ihn zur Europa - und Bezirks Wahl begleitet und durfte ein Foto von ihm machen. Das ist selten und das letzte ist Jahre her, aber dieses Mal machte er eine Ausnahme. Eins der schönen Fotos schickte ich einem alten Freund, der ihn von früher gut kennt. Dieser schrieb postwendend:

„Danke, B…, inzwischen ein gelassen, freundlich aussehender, älterer Herr, der mich an einen französischen Adeligen der Louis XIV Zeit erinnert, wenn man sich die entsprechende Klamottage dazu denkt… Herzliche Grüße an dich und ihn,…

Ein anderer, alter Freund, der ihn noch aus Kindertagen kennt und damals oft Zeit mit ihm verbracht hat, auch an seinem 40. Geburtstag anwesend war, schreibt gerührt und bedankt sich herzlich.

Wir unterhalten uns noch über das Schreiben. Er erzählt, dass er dabei ist, ein Buch zu schreiben, das den Titel „Stock und Wut" trägt. Ein humoristisches Werk über drei Blinde. Natürlich bin ich schon sehr gespannt.

Im Krankenhaus besucht er einen seiner besten Freunde, der vor einem halben Jahr an Krebs erkrankte. Von dort wird der Freund in ein Hospiz verlegt. Nach drei Tagen erhält er Bescheid, dass sein Freund gestorben ist. Er ist niedergedrückt. Er hat vor Jahren schon einmal einen guten, engen Freund an diese unerbittliche Krankheit verloren.

Wir erledigen noch die Verknüpfung seiner neuen Bankkarte mit der App. Das heißt, er sitzt vor seinem Sprach Computer und handelt entsprechend der angesagten Schritte, während ich nur die Kartennummer und den Code vorlese. Zunächst klappt es nicht, weil die in der App gespeicherte Karten Nummer nicht mit der Nummer auf der neuen Karte übereinstimmt, weshalb er den Deckel zuklappt und morgen die Bank anrufen will. Doch dann sehe ich bei erneutem Lesen und Vergleichen der beiden Schreiben, dass auf dem einen die Karten Nummer steht und auf dem andern die Karten ID Nummer. Neuer Versuch, es klappt, es ist nämlich die Karten ID Nummer und nicht die Karten Nummer, die gefragt ist.

Dann ist da noch das Erinnerungsschreiben des Finanzamtes bezüglich der Steuererklärung für 2022 ….

Er gibt noch viel zu tun, und übermorgen schon fährt er mit dem Zug weiter zu seiner Freundin, die wie er blind ist.

Auf dem Rückweg denke ich an sein Buch in Arbeit "Stock und Wut", (gemeint ist der weiße Blindenstock). Er hat im laufe seines Lebens schon einige Kurzgeschichten zum Thema Blindheit geschrieben und auch sein Comedy Programm dreht sich um dieses Thema, das ihm am Herzen liegt.
Er war als kleines Kind sehend, aber dann erlosch sein Augenlicht, als er drei ein halb Jahre alt war. Ich glaube, er hat es als große Verletzung empfunden, wenn ich nur daran denke, dass er sein Spielzeug wegwarf, das er nicht mehr so benutzen konnte wie gewohnt. Die Farben, die er nicht mehr sehen konnte und

deshalb fragte:" Oma, welche Farbe hat dein Kleid?", und er verweigerte jahrelang den Kontakt zu blinden Personen und Institutionen. Das hat sich vollkommen verändert. Seit langem ist er ein Verfechter der Inklusion, der Rechte für Blinde, für alle Behinderten und für alle (gedemütigten) Menschen überhaupt.

Rencontre avec Dieu

Soudainement je l'eus senti.

J'étais enfoncée

dans une profonde dépression.

Je ne savais pas comment m'en sortir.

Alors, assise sur un banc

en face du fleuve Elbe,

j'eus prié,

au moins une demi-heure,

pour son aide.

Je n'y croyais pas,

mais d'un coup, iel fut là,

dans mon cœur sombre,

qu'iel éclaira.

Je l'eus senti

en allant prendre mon bus.

Je l'eus senti.

Iel était là.

J'étais sauvé.

J'eus senti mon cœur

reprendre du souffle,

sourire.

Pour l'instant

je ne devrais plus

avoir peur d'étouffer

et de me noyer

dans ma peur.

Iel est là.

Iel me donne son souffle

pour le moment.

Begegnung mit Gott

Plötzlich fühlte ich „ihn".

Ich war in einer tiefen Depression

versunken.

Ich wusste nicht,

wie ich da herauskommen sollte.

Ich hatte mich auf eine Bank gesetzt,

gegenüber dem Fluss

und betete in Versunkenheit,

vielleicht eine halbe Stunde, vielleicht länger.

Ich bat um Hilfe

in tiefster Ausweglosigkeit.

Ich glaubte es nicht,

aber plötzlich war „er". da,

in meinem Herzen,

wo es dunkel war

und erleuchtete es.

Ich fühlte es,

als ich zum Bus ging.

Ich fühlte, dass „er" da war.

Ich war gerettet.

Ich fühlte,

wie mein Herz

einen Atemzug tat

und lächelte.

Ich würde für den Moment

nicht befürchten müssen,

an meiner Angst

zu ersticken,

in meiner Depression

zu ertrinken.

„Er" ist da.

Er gibt mir seinen Atem

für den Moment.

La gifle

Si je le revoyais,

j'aimerais lui donner une gifle.

Je lui pardonne,

parce que je crois,

qu'il n'était pas encore adulte,

et sa petite-amie non plus.

Ils étaient encore des écoliers,

mais ils se sont tout de même dit

« Oui » pour la vie.

Cependant vu qu'ils étaient tout jeune, des adolescents, ils s'accordaient le droit de s'amuser avec d'autres.

Seulement,

ils n'ont pas réfléchi à ce que cela peut provoquer chez les autres,

que ces autres pourrions développer

des sentiments profonds.

Quand je me les présente

comme des enfants insouciants,

qui n'ont pas pensé aux conséquences pour les autres,

je pardonne.

Die Ohrfeige

Wenn ich ihn wiedersehen würde,

würde ich ihm sehr gerne

eine Ohrfeige geben.

Ich verzeihe ihm,

weil er kein Erwachsener war.

Er und seine Freundin waren noch Schüler und Schülerin, aber gaben sich schon das Jawort fürs Leben.

Allerdings, in Anbetracht ihrer Jugend, mit dem Spielraum des Amüsements mit anderen.

Nur, dass sie dabei nicht daran dachten,

dass diese anderen, die nicht wussten, dass es nur ein Spiel war, dass mit ihren Gefühlen gespielt wurde, tiefe Gefühle entwickeln könnten.

Wenn ich sie mir als dumme Kinder vorstelle,

die nicht an die Konsequenzen für andere dachten,

verzeihe ich.

Une photo de famille

En rentrant après ma prière,

après avoir demandé de l'aide à Dieu,

dont je ne sais pas s'il est homme ou femme ou les deux à la fois,

après avoir eu le sentiment

que ma dépression avait disparue,

quand je rentrais alors,

le cœur léger,

j'ai ouvert ma boite aux lettres,

dans laquelle il y avait une lettre de la mesure Din A5.

Qu'est-ce qui m'attendait dans l'enveloppe ?

J'ai sorti une photo de la mesure Din A5,

douze visages me souriaient.

C'était une partie de sa famille,

La famille de celui que je voulais gifler.

D'un coup, j'avais le sentiment

d'avoir une famille.

J'imaginais,

que je n'étais plus seule.

Pauvre âme

qu'une telle fantaisie

s'empare de toi !

Ein Familienfoto

Als ich nach Hause zurückkehrte,

nach meinem Gebet,

nachdem ich Gott,

von dem ich nicht weiß, ob er Mann oder Frau
ist oder beides zugleich,

um Hilfe gebeten hatte,

nachdem ich das Gefühl hatte,

dass meine Depression sich zurückgezogen hatte oder gar verschwunden war für den Moment,

ich also mit leichtem Herzen

meinen Briefkasten öffnete,

entnahm ich ihm mit Staunen einen großen Briefumschlag.

Was würde mich in dem DinA5 Umschlag erwarten?

Ich zog ein DinA5 Foto hervor, auf dem mich zwölf lächelnde Gesichter ansahen.

Das war ein Teil seiner Familie,

desjenigen, den ich ohrfeigen wollte.

Plötzlich hatte ich das Gefühl,

ich hätte eine Familie.

Ich stellte mir vor, ich wäre nicht mehr alleine.

Arme Seele,

dass eine derartige Phantasie sich deiner bemächtigen kann.

Mutilation

J'aimerais découper

une partie de ma vie,

laquelle est couverte de honte,

de culpabilité,

de l'abus sexuel, du viol,

de la fuite, de l'expulsion,

de la pauvreté,

du mépris,

de l'humiliation,

et encore plus.

Mais il vaut mieux

de ne pas le faire,

car ce serait beaucoup.

Il ne resterait

qu'une personne mutilée.

Verstümmelung

Am liebsten würde ich

die Scham und die Schuld

aus meiner Biographie

herausschneiden.

Den Missbrauch, die Vergewaltigung,

die Flucht, die Vertreibung,

die Armut,

die Verachtung,

die Demütigung.

Aber besser nicht,

denn es käme viel zusammen,

und nur eine verstümmelte Person

würde übrigbleiben.

Les Manifestations Pro Palestine

sont massivement critiquées.

Mais il y a aussi de plus en plus ceux,

qui les défendent,

car le reproche d'antisémitisme

n'est pas toujours justifié.

Je pense à mon amie juive morte d'un cancer,
qui a perdu sa mère célèbre et son père au camp
de concentration à Auschwitz.
Elle a toujours critiqué la droite en Israël, la
craignait.

Une autre amie juive décédée à l'âge de 93 ans,
qui a perdu toute sa famille dans l'holocauste,
n'a pas du tout apprécié le comportement
d'Israël envers les palestiniens et
palestiniennes, elle le condamnait.

À la télé j'ai vu une jeune femme juive,
qui défendait la cause des palestiniens et des
palestiniennes.
Elle s'est exprimée contre l'occupation, contre
l'éradication du peuple palestinien,

mais pour un état palestinien à côté d'un état israélien.

La terre palestinienne serait de tout de façon réduit à 22% de sa terre d'origine à la faveur d'Israël, comme le dit Nathan Thrall dans un interview de radio, le gagnant du prix littéraire Pulitzer 2024. Son livre qui a gagné le prix s'appelle « Une journée dans la vie d'Abded Salama »

Plus de 41.000 Palestiniens et Palestiniennes ont déjà perdu leur vie dans cette guerre, éclatée le 7 octobre où le Hamas à tué 1.000 Israéliens et Israéliennes et a pris plus de deux cents otages.

Pro Palästina Demonstrationen

werden massiv kritisiert.

Aber es gibt auch immer mehr jene,

die sie verteidigen,

denn der Vorwurf des Antisemitismus

erfolgt schnell, ist jedoch nicht immer gerechtfertigt.

Ich denke an meine an Krebs verstorbene jüdische Freundin, deren berühmte Mutter und deren Vater in Auschwitz ermordet wurden, und die stets Kritik an der rechts gerichteten Regierung in Israel übte und diese fürchtete.

Eine andere jüdische Freundin, die mit 93 Jahren starb und deren Großfamilie in den Gaskammern umkam, schimpfte über und verurteilte regelmäßig den Staat Israel und seine Haltung gegenüber den Palästinensern und Palästinenserinnen.

Im Fernsehen sah ich eine junge, jüdische Frau, die die Sache der Palästinenser*innen verteidigte.
Sie sprach sich gegen die israelische Besatzung aus,
sie war gegen die Ausrottung des Volkes Palästina
und für die zwei Staaten Lösung,
für einen Staat Palästina neben einem Staat Israel.

Ein palästinensischer Staat würde sich sowieso auf 22% seines ehemaligen Territoriums reduzieren zu Gunsten von Israel, sagt der

Pulitzer Preisträger 2024, Nathan Thrall, der das Buch „Ein Tag im Leben von Abed Salama" geschrieben hat. in einem Radio Interview,

Mehr als 41.000 Palästinenser und Palästinenserinnen haben schon ihr Leben in diesem Krieg verloren, der am 7. Oktober ausbrach, an dem Tag, an dem die Hamas 1000 Israelis tötete und mehr als 200 Geiseln nahm.

L'ombre

Au café je me suis rendue aux toilettes.

Assise sur le bassin, courbée en avant,

j'ai vu mon ombre sur le sol.

L'ombre n'avait pas de bras.

Je ne voyais que la tête,

que les épaules,

des moignons de bras qui dépassaient les épaules.

J'avais le sentiment

de ne plus pouvoir enlacer

un*e ami*e.

Cette image de fantaisie

correspond au sentiment,

de ne pas valoir grand-chose,

un sentiment profondément enraciné en moi

qui trouve toujours des nouvelles images.

Il me gêne de communiquer avec autrui,

donc je reste à l'écart.

Cette image de fantaisie me rappelle aussi la jeune femme du quartier, laquelle je croise de temps en temps et dont les moignons de bras me rendent toujours confuse.

Mais il ne faut pas mal comprendre ce que je viens de dire. C'est la projection de mes sentiments sur cette infirmité et n'a rien à voir avec la personne handicapée ou avec le handicap en soi.

Der Schatten

Im Café suchte ich die Toilette auf.

Auf dem Toilettenbecken sitzend,

vornüber gebeugt,

sah ich meinen Schatten

auf dem Fußboden.

Der Schatten hatte keine Arme.

Ich sah nur den Kopf,

die Schultern

und die Armstümpfe,

die aus den Schultern ragten.

Ich hatte das Gefühl,

niemanden mehr umarmen zu können,

keinen Freund, keine Freundin.

Diese Phantasie rührt womöglich von

dem Gefühl, nichts wert zu sein.

Ein Gefühl, das sich nicht verliert

und sich immer neue Bilder sucht,

denn es ist tief in mir verwurzelt.

Es hindert mich,

mit anderen zu kommunizieren,

deshalb bleibe ich abseits.

Die Phantasie erinnert mich auch an eine junge
Frau, der ich manchmal im Stadtteil begegne.
Solange ich sie kenne, lebt sie mit den

Armstümpfen, die mich jedes Mal betroffen machen.

Aber ich möchte nicht missverstanden werden. Es handelt sich um die Projektion meiner Gefühle auf diese Behinderung und hat nichts mit der Person selbst oder mit dem Handicap an sich zu tun.

La vie est un estropié

Au moment où je pensais

« La vie est un infirme,

un estropié »

un e-mail arrive,

avec une photo en pièce jointe,

tellement belle que cela fait presque mal.

L'homme a décrit la photo sublime :

« cœur de rose du jardin du monastère de Cimiez ».

J'ai été profondément touchée,

car on y était ensemble.

À l'époque, il était très amoureux,

prêt à quitter sa femme.

Puis, il a changé d'avis.

C'était il y a cinq ans.

Bizarrement,

J'ai choisi ce matin la bague,

qui symbolisait notre relation amoureuse.

D'un coup et cela m'a en quelque sorte choqué,

j'ai eu le sentiment,

que c'est lui,

mon cœur.

À l'époque il m'appelait toujours.

« mon cœur ».

Je crois,

que je lui ai donné mon cœur,

que j'ai perdu mon cœur pour lui.

Mais ce qui est, c'est,

pour lui mon cœur est surtout

mon clitoris.

C'est comme s'il découpait

mon clitoris de mon corps.

Comme s'il menait une relation

exclusivement avec lui.

Mon vrai cœur ne l'intéresse pas beaucoup,

au moins il ne le montre pas.

Il ne répond jamais aux sentiments.

Il veut seulement voir « le petit »,

comme il appelle mon clitoris

dont il est obsédé.

Ce n'est donc pas étonnant,

que mon corps réagisse avec un refus.

Déjà à l'époque mon subconscient ne voulait pas,

qu'il me pénètre.

Je me suis crispée,

mon vagin s'est contracté.

À l'époque, je ne comprenais pas

ce que mon corps voulait me dire,

j'étais trop amoureuse de lui.

Je lui ai répondu que la photo de la rose du jardin de monastère à Cimiez était si magnifique que cela faisait presque mal.

C'était un choc quand il a répliqué :

« comme ton petit (ton clitoris) »

Il me réduise sur un point de mon corps,

lequel est son obsession,

cela m'éloigne de lui.

Mais ce qui est ma grande faute,

c'est, que je refoule,

que je réprime

ce qui me fait mal,

Et puis je sens mon cœur se remplir

à nouveau de chaleur.

Das Leben ist ein Krüppel

In dem Moment, als ich dachte,

„Das Leben ist ein Krüppel",

kam eine E-Mail herein,

angehängt ein Foto, das so schön war,

dass es wehtat.

Er schrieb:

„Das Herz einer Rose aus dem Klostergarten von Cimiez"

Ich war sehr berührt,

denn wir waren damals dort, als er in den ersten Tagen sehr verliebt war und bereit, seine Frau zu verlassen,

aber dann änderte er seine Meinung.

Das war vor fünf Jahren.

Seltsamerweise wählte ich heute Morgen, bevor seine E-Mail hereinkam, den Ring, der unsere Liebesbeziehung symbolisierte.

Was mich schockierte, war, dass ich das Gefühl hatte, als ich die wunderschöne Rose auf dem

Foto sah, dass er es sei, mein Herz, und es kommt mir in den Sinn, dass er mich zu jener Zeit „mein Herz" nannte.

Ich glaube, dass ich ihm mein Herz geschenkt habe.

Aber das Problem ist, dass für ihn mein Herz vor allem meine Klitoris ist.

Als wenn er sie aus meinem Körper ausschneiden würde, als wenn er ausschließlich mit ihr, der Kleinen, wie er sie nennt, eine Beziehung führt.

Mein wirkliches Herz interessiert ihn nicht sonderlich oder zumindest zeigt er es nicht. Er antwortet nicht auf Gefühle.

Es ist also nicht erstaunlich, dass mein Körper mit Ablehnung reagiert.

Schon damals wollte ich unbewusst nicht, dass er in mich eindringt.

Meine Vagina verkrampfte sich,

doch war ich mir nicht bewusst, was mir mein Körper sagen wollte, ich war verliebt und verdrängte es.

Ich antwortete ihm, dass die Rose so wunderschön sei, dass es fast wehtäte.

Es war ein Schock, als er darauf erwiderte „wie deine Kleine (Klitoris)!"

Wieder reduzierte er mich auf die Stelle meines Körpers, die seine Obsession bildete.

_Mein großer Fehler ist, dass ich verdränge, was mir weh tut, wehtat und erneut fühle, wie sich mein Herz mit Wärme füllt.

La tristesse est politique

Quand j'entendais dans une émission de radio,

que la tristesse est une façon de résister

à la répression d'un État autoritaire,

il me venait à l'esprit, qu'on reprochait à la psychanalyse de l'époque, de faire de ses clients souffrants et de ses clientes souffrantes d'une névrose ou d'une malaise mentale

des consommateurs et des consommatrices,

des gens normaux, qui fonctionneraient

comme une roue dans un engrenage.

Quand on pense que tous les malades

qui souffrent d'un malaise mental,

sont des résistant*es à la politique insuffisante,

qui ne vient pas à leur besoin,

c'est alors une idée remarquable.

Die Traurigkeit ist politisch

Als ich in einer Radiosendung hörte,

dass Traurigkeit eine Widerstandshandlung

gegen die Repressionen eines autoritären Staates sei,

erinnerte mich das an eine Epoche, in der der Psychoanalyse vorgeworfen wurde,

die psychisch gestörten und kranken Patient*innen anpassungsfähig zu machen, Konsumenten aus ihnen zu machen, Automaten, Menschen, die wie ein Rad im Getriebe funktionierten.

Wenn man es so sieht, dass alle, die an einer psychischen Störung leiden,

sich im Grunde im Widerstand gegen das politische System befinden,

das als repressiv empfunden wird,

das ihre Bedürfnisse nicht berücksichtigt,

so ist das ein ernst zu nehmender Gedanke.

La solitude te ronge

Elle te ronge comme un animal.

L'animal est un mangeur.

Il te dévore.

C'est cela ce que tu veux ?

Die Einsamkeit frisst an dir

Sie frisst an dir wie ein Tier.

Das Tier ist ein Fresser.

Es verschlingt dich.

Willst du das?

Ce qui te martyrise

Tout d'abord c'est toi,

qui doit accepter,

ce qui te martyrise

Ce qui revient,

ce que tu refoules,

réprimes,

ce qui revient

tout de même,

dont tu dis,

que ce n'est plus vrai,

mais il revient tout de même.

Le refoulé ne te lâche pas,

ne te lâchera jamais.

Cela ne se reproduit pas par méchanceté,

mais pour te protéger,

pour que tu puisses être toi-même,

pour que tu ne perdes pas une partie de ton histoire.

Eradiquer le traumatisme

ne sert à rien.

Cela t'enlève une partie de ton vécu,

cela te démembre, laisse des lacunes,

te coupe en morceaux.

Il vaut mieux rester entier.

Il vaut mieux de pouvoir disposer de toute ton histoire,

à laquelle appartiennent aussi tes traumatismes affreux.

Ça fait mal,

quand ça revient,

évidemment.

Mais tout d'abord,

c'est toi qui doit accepter l'atrocité,

les traumatismes violents,

avant qu'une autre personne

puisse les accepter

et te prendre dans ses bras.

Als allererstes

bist du es,

die akzeptieren muss, was dich quält,

das, was wiederkommt,

was du verdrängst,

von dem du sagst,

dass es nicht mehr wahr ist,

aber trotzdem wiederkommt.

Das Verdrängte lässt dich nicht los,

es wird dich nie loslassen.

Es kehrt nicht aus Bösartigkeit zurück,

sondern um dich zu beschützen,

damit du du selbst sein kannst,

damit du nicht einen Teil deiner Geschichte
verlierst.

Deine Traumen auszurotten bringt gar nichts,

das beraubt dich nur eines Teils deines Lebens,

zerstückelt es.

Es ist besser ganz zu bleiben.

Es ist besser, über seine Geschichte verfügen zu können, zu der auch die schrecklichen Traumen gehören.

Es tut weh,

wenn das Verdrängte wiederkommt,

natürlich.

Aber zuerst musst du es selbst sein, die die grausamen Erlebnisse akzeptiert,

bevor eine andere Person sie akzeptieren

und dich in die Arme schließen kann.

L'appartement

L'appartement ne disposait que de deux poêles pour chauffer les pièces.

Je devais commander des charbons, lesquels je stockais au grenier et descendais au besoin au troisième étage où je vis depuis 47 ans.

Après quelques années j'ai contracté un crédit avec lequel j'ai fait installer un chauffage à gaz.

Il n'y avait pas de douche, mais le crédit suffisait à installer une douche également, j'ai carrelé cette mini-pièce moi-même. Avant l'installation de la douche, il fallait enlever un mur du petit garde-manger avec une mini-fenêtre que j'utilisais en tant qu'atelier de gravure pour y traiter des plaques de cuivre à l'acide.

Avant moi une vieille dame avait vécu dans l'appartement jusqu'à sa mort. Quand j'ai emménagé, aucun des autres locataires n'a pu me dire quelque chose sur la vieille dame. Elle est restée anonyme. Comme moi aussi plus ou moins.

Le linoléum était collé au sol, cela se faisait encore à l'époque. Je me suis mise sur mes genoux et ai utilisé un appareil à air chaud pour décoller le linoleum du sol. Cela a pris du temps, bien sûr. Ensuite j'ai emprunté dans un magasin spécialisé une machine avec laquelle j'ai poncé le plancher en bois.
Quel travail !

Puis venait le temps d'enlever la vieille tapisserie de plusieurs couches. J'ai tapissé les murs moi-même, seulement pour les plafonds j'ai eu de l'aide. Ensuite, évidemment, il fallait peindre le nouveau papier peint. À l'époque j'avais encore de la force, mais il était fatiguant tout de même.

Il restait d'enlever le vernis épais des nombreuses couches sur les portes, ce que j'ai fait encore une fois avec l'appareil à air chaud, un travail minutieux, car les portes sont des vieilles portes avec des cannelures. Après un certain temps, j'ai peint les portes avec un nouveau vernis.

Pour les fenêtres c'était difficile, car par peur qu'elles tombent et blesseraient des passant*es sur le trottoir, je ne pouvais pas les nettoyer, mais le propriétaire ne voulait rien faire. Je devais faire appel à des institutions de la ville qui s'occupent de telles choses. Ils sont venus et ont documenté l'état désastreux des fenêtres et ont dénoncé un vieux système électrique étant un danger pour l'immeuble. Entre-temps le vieux propriétaire était mort. Son beau-fils reprenait les affaires et s'occupait des fenêtres et de l'électricité pour ne pas devoir payer la demande.

Il reste toujours des choses à faire. De ces jours-ci je repeins pour la énième fois les murs qui produisent des taches humides et dont le propriétaire dit que c'est de ma faute. Il faut dire que c'est un vieux bâtiment de 1920.

Je n'ai jamais reçu un geste de reconnaissance par le beau-fils, au lieu de cela le loyer augmente continuellement, je suis donc menacée par la perte de mon appartement, car ce n'est pas mon appartement, c'est l'appartement du beau-fils, qui ne s'intéresse qu'à l'augmentation continue du prix des loyers comme déjà son beau-père. Il voulait même enlever les vieux carreaux de cuisine avec des motifs d'Art nouveau bleu-blanc, je n'ai pas pu sauver qu'un seul mur de cuisine avec ses anciens et beaux carreaux.

Je me suis vraiment investie pour cet appartement. D'autres auraient déjà déménagé, mais moi j'y tiens, soit-il une personne soit-il un appartement.

Je ne sais pas si c'est bien ou pas.

Die Wohnung

Die Wohnung verfügte anfangs nur über zwei Öfen, um die Zimmer zu heizen.

Ich bestellte Kohlen, die ich auf dem Dachboden stapelte. Es waren rechteckige Quader mit abgerundeten Ecken, die schwarz glänzten. Regelmäßig transportierte ich sie vom Dachboden, in der fünften Etage gelegen, in die dritte Etage, wo ich seit 47 Jahren lebe.

Nach einigen Jahren nahm ich einen Kredit auf, und ließ eine Gas Etagenheizung installieren.

Es gab keine Dusche. Der Kredit deckte jedoch auch die Installation einer Dusche ab, die ich selbst kachelte. Bevor die Dusche eingebaut werden konnte, musste eine Mauer weggenommen werden, die zu einer Speisekammer mit kleinem Fenster gehörte. Diese hatte ich als Miniatelier benutzt, um dort meine Kupferplatten-Radierungen mit Säure zu ätzen.

Vor mir lebte eine alte Dame bis zu ihrem Tode in der Wohnung. Als ich einzog, konnte mir niemand etwas über diese Mieterin sagen. Sie blieb anonym wie ich mehr oder weniger auch.

Zu ihren Lebzeiten war es noch üblich, den Boden mit Linoleum zu belegen und diesen meistens auch festzukleben.

Ich begab mich also auf die Knie, um in minutiöser Kleinarbeit mit einem Heißluftgerät das festklebende Linoleum abzulösen, was in lang andauernder Arbeit gelang. Danach lieh ich eine Schleifmaschine für Holzfußböden in einem Fachgeschäft aus, um alle Böden meiner Wohnung abzuschleifen, was seine Zeit brauchte. Anschließend ölte ich die Holzfußböden mit Leinöl ein.

Was für eine Arbeit und wiederum auf den Knien!

Schließlich kam die Zeit, in der ich die alten Tapeten herunterholte, es waren schon mehrere Lagen übereinander. Wie kann es anders sein, ich habe dann neu tapeziert, allerdings hatte ich bei den Decken Hilfe. Beim Streichen war ich wieder alleine. Aber ich hatte zu jener Zeit noch Kraft, anstrengend war es dennoch.

Dann war es an der Zeit, den alten Tür Lack auf den Türen herunterzuholen, denn er war stets übergestrichen worden, und die Türen vertrugen keine weitere Lackschicht. Also benutzte ich wieder das Heißluftgerät, um sie vom inzwischen fast gelb gewordenen Lack zu befreien. Weil die schönen Altbautüren viele Rillen haben, verlangte die Arbeit Ausdauer.

Was die Fenster angeht, war es schwierig, ich konnte sie nicht einmal mehr putzen, aus Angst, sie würden herausfallen und die Passant*innen unten auf der Straße verletzen, denn die Holzrahmen waren schon durch und durch marode. Der informierte Eigentümer wollte jedoch nichts machen, deshalb musste ich mich an das Bauamt im Bezirk wenden, die sich u.a. um solche Angelegenheiten kümmern. Sie kamen zur Besichtigung der Wohnung und waren entsetzt. Sie dokumentierten den gefährlichen Zustand der Fenster wie auch die Gefahr, die von den alten, elektrischen Leitungen ausging. Währenddessen verstarb der alte Eigentümer, der Schwiegersohn übernahm die Verwaltung und erledigte die Auflagen des Bauamtes, um der angesetzten finanziellen Strafe zu entgehen.

Es bleibt fortwährend viel zu tun. Im Moment streiche ich abermals die Außenwände mit den wiederkehrenden Feuchtigkeitsflecken. Der Vermieter sagt, das komme von meinem Lüftungsverhalten. Das ist immer das Argument. Es ist indes ein altes Gebäude von 1920.

Trotz allem steigt die Miete kontinuierlich, und natürlich fühle ich mich deshalb von dem Verlust meiner Wohnung bedroht. Aber es ist nicht meine Wohnung, sondern die des

Vermieters, der jedoch nur an seine Mietsteigerungen denkt. Ich konnte ihn bei einer einzigen Küchenwand davon abhalten, die schönen alten, blau-weißen Jugendstil Kacheln zu überkleben.

Andere wären längst ausgezogen, aber ich halte fest, sei es an einer Wohnung oder an einer Person.

Ob das gut ist? Ich weiß es nicht.

Survécu et de nouveau menacé

Le célèbre Salman Rushdie, l'écrivain impressionnant, qui a survécu à une attaque de couteau,

est l'invité sur le plateau de « 28 minutes » d'Arte télévision.

Il parle de son nouveau livre « Le couteau ».

Coco, dessinatrice chez le magazine satirique « Charlie Hebdo » et le journal « Libération », survivante de l'acte meurtrière et terroriste chez Charlie Hebdo, est menacée de nouveau depuis qu'elle a fait une caricature concernant la famine à Gaza.

Elle a fait deux dessins pour honorer Salman Rushdie. Les dessins ont été montrés dans l'émission avec l'annonce qu'elle en fait cadeau à l'écrivain adorable.

Salman Rushdie répond en regardant les dessins : « I like it. ». Je les aime.
Et cela se voit, il sourit de la profondeur de son cœur.

Überlebt und von neuem bedroht

Der berühmte Schriftsteller Salman Rushdie, Überlebender einer Messerattacke, ist Gast in der TV- Sendung „28 Minuten" auf Arte.

Er spricht über sein neues Buch „Das Messer".

Coco, Zeichnerin bei „Charlie Hebdo" und der Zeitung „Liberation", ist Überlebende eines mörderischen und terroristischen Anschlags auf das Satiremagazin Charlie Hebdo

und von neuem bedroht, seit sie eine Karikatur zur Hungersnot in Gaza veröffentlichte.

Um Salman Rushdie zu würdigen, hat sie zwei Zeichnungen für ihn als Geschenk angefertigt, die in der Sendung gezeigt werden.

Salman Rushdie antwortet, die Zeichnungen betrachtend, „I like it". Ich mag sie. Und das ist ihm anzusehen,

er lächelt aus der Tiefe seines Herzens.

Elle vient dans ma direction

Et s'assoit à une table du café à côté de la mienne.

Elle s'approche trop de moi.

Il y a d'autres tables libres, mais elle a choisi la table à côté de la mienne,

ce qui est trop proche pour moi.

Elle ressemble à ma sœur.

Je commence à transpirer.

Abondamment.

Je transpire par peur d'elle.

Elle est pourtant ma sœur,

elle est dure,

sans indulgence.

Elle sait ce qui est bon et ce qui est mauvais.

Elle le sait à priori.

Comme un Dieu.

Je sais que c'est une projection.

Je transpire quand-même.

Abondamment.

Il me vient à l'esprit l'époque, où je suis allée tous les jours à l'église pour pleurer et demander de l'aide concernant ma peur qui m'inspirait ma sœur. J'ai pleuré abondamment, tant je souffrais de la peur d'elle et de la menace de mon anéantissement. Elle avait une volonté sans égard, impitoyable. Au moins je l'ai ressenti ainsi.

Je crois que j'ai reçu de l'aide, en tout cas la peur diminuait, peut-être grâce au simple fait, que j'ai laissé mes larmes s'échapper, s'écouler en avouant ma peur. Mais il m'arrive encore, que je suis prise de peur d'elle et commence à trembler en pensant à elle.

Je sens l'angoisse.

Je sens mon cœur battre plus fort.

Je baisse mes yeux,

le temps de sa visite au café.

Quand elle est partie,

je lève mes yeux.

Je respire profondément.

La peur est partie.

Je recommence à écrire sur mon ordinateur portable.

Sie kommt in meine Richtung

Sie kommt in meine Richtung.

Sie setzt sich an einen Tisch des Cafés neben meinem.

Sie kommt mir zu nahe.

Es sind noch andere Tische frei,

aber sie wählt den Tisch neben meinem,

was für mich zu dicht ist.

Sie sieht aus wie meine Schwester.

Ich beginne zu schwitzen,

maßlos.

Ich schwitze aus Angst vor ihr.

Sie ist indessen meine Schwester,

die hart ist,

ohne Nachsicht.

Sie weiß, was gut ist und was schlecht.

Sie weiß das von vorneherein,

à priori,

wie ein Gott.

Ich weiß, das ist eine Projektion,

aber ich schwitze trotzdem,

maßlos.

Es kommt mir in den Sinn, dass ich damals, als meine Angst vor meiner Schwester unerträglich geworden war und ich unermesslich litt, fast täglich in die Kirche ging, um zu weinen und um Hilfe zu bitten.

Die Angst vor ihr und die damit einhergehende Bedrohung, vernichtet zu werden, ließ zusehends nach, vielleicht auch, weil ich meine Angst vor ihr zugab und meinen Tränen freien Lauf ließ. Sie hatte einen rücksichtslosen Willen, zumindest empfand ich es so. Es ist heute noch so, wenn ich an sie denke, dass die Angst einsetzt und ich anfange zu zittern.

Ich fühle Angst in Brust und Kehle.

Ich fühle mein Herz schneller schlagen.

Ich senke meinen Kopf

für die Zeit ihres Cafébesuchs.

Wenn sie gegangen ist,

hebe ich meine Augen.

Ich atme tief ein.

Die Angst verfliegt.

Ich beginne von neuem auf meinem Laptop zu schreiben.

L'anniversaire de cinq ans

Ca fait cinq ans que j'y tiens,

au fil mince de correspondance avec lui,

un échange d'e-mail

avec celui,

sur qui je me suis trompée,

et qui s'est trompé sur moi,

sur la personne que je suis.

Il me croyait plus stable.

Il s'attendait à ce que je supporte son couple. Me tenir à part. Rien attendre de lui.

Qui m'avait déclaré l'amour, mais ne pouvait pas tenir ses promesses.

Trop tard il m'a dit, qu'il serait déjà en couple.

Depuis on ne s'est pas revu.

Mais à l'occasion de notre anniversaire de cinq ans il m'a envoyé une photo du lieu, où on s'est croisé et parlé la première fois.

Je m'en suis réjouie malgré tout.

Der fünfte Jahrestag

Seit fünf Jahren halte ich daran fest, an dem dünnen Faden unseres E-Mail-Austausches,

mit demjenigen, in dem ich mich getäuscht habe, und der sich in mir getäuscht hat, in der Person, die ich bin.

Er glaubte, dass ich stabiler sei. Er glaubte, dass ich seine Partnerschaft, von der er mir zu spät erzählte, ertrage, aushalte, mich abseits halten würde, keine Ansprüche stellen würde, nichts erwarten würde.

Er hatte mir seine Liebe erklärt, aber konnte seine Versprechen nicht halten.

Seitdem haben wir uns nicht wiedergesehen.

Aber er schickte mir zu unserem fünften Jahrestag ein Foto des Ortes, an dem wir uns das erste Mal begegnet sind und miteinander sprachen.

Das löste trotz allem Freude in mir aus.

Je me suis réveillée

avec un rêve sombre.

Je voulais me jeter par la fenêtre du 3ème étage.

Mais par peur j'ai escaladé jusqu'au 2ème étage, parce que ce serait peut-être moins douloureux de sauter du 2ème que du 3ème.

Ou voulais-je escalader jusqu'en bas ? Dans ce cas cela aurait plutôt été un signe que je me sentais enfermée dans mon appartement, d'où je ne voulais plus sortir par peur du monde, lequel je pensais hostile envers moi et que ce sentiment était si fort, que j'imaginais mon appartement sans ouverture.

Puis j'entendais une voix de femme de l'autre côté de la rue qui criait : « Ne faites pas cela ! » Elle était sur son balcon. Je ne l'avais pas vu bien qu'elle porte un chemisier orange-rouge remarquable comme je l'ai aussi dans mon armoire.

Je ne me vois pas arriver au sol. Peut-être la couleur liée à sa parole m'a retenu de sauter.

En ce moment je porte beaucoup de bleu. Je devrais peut-être m'habiller en rouge-orange.

C'est peut-être la clé pour ouvrir mon appartement et de pouvoir enfin sortir. Mais en orange-rouge ???

Je regarde les rideaux bleu clair, que j'ai mis récemment, cela donne une impression de froideur. Je pensais au fait que je voulais peindre le nouvel tableau en blanc. Dans mon imagination j'ai refusé toutes les couleurs, je n'ai accepté que le blanc.

Ça ressemble à une crise grave, mais mon rêve ce matin en me réveillant m'a indiqué l'issu.

Ich erwachte

mit einem dunklen Traum.

Ich wollte mich aus dem Fenster der 3. Etage stürzen. Aber aus Angst kletterte ich bis zur 2., weil mir der Aufprall aus der 2. Etage weniger schmerzhaft zu sein schien.

Oder wollte ich ganz bis unten klettern? In diesem Fall wäre mein Verhalten eher ein Zeichen dafür, dass ich mich gar nicht umbringen wollte, sondern dass ich nur aus der Wohnung hinausklettern wollte, denn ich fühlte mich in ihr wie eingeschlossen. Ich hatte mich eingemauert aus Angst vor der Welt draußen, in der jeder und jede mir gegenüber feindlich gesonnen schien.

Dann hörte ich die Stimme einer Frau. Sie schrie: „Machen Sie das nicht!"

Die Frau stand auf der anderen Straßenseite auf ihrem Balkon und trug eine auffallend orangerote Bluse, die mich offenbar elektrisierte, mir neue Lebensimpulse zu geben schien. Ich erinnerte mich daran, dass ich eine solche im Schrank hatte, jedoch nicht zu tragen wagte, weil ich nicht auffallen wollte. Die schreiende Frau von gegenüber schien ihre Kraft zu handeln, zu schreien, mich von meinem Suizid abzuhalten, genau durch diese orangerote Farbe zu erhalten.

Im Moment trage ich viel Blau. Ich sollte vielleicht zu Rot-Orange greifen. Dass ist möglicherweise der Schlüssel, der meine

Wohnung öffnet und mich wieder hinausgehen lässt. Aber in Rot-Orange???

Ich betrachte die hellblauen Vorhänge (gefärbte Bettlaken), die ich vor kurzem aufgehängt habe. Sie strahlen Kälte aus. Ich dachte an die Tatsache, dass ich die neue Leinwand mit Weiß bemalen wollte, in der Vorstellung alle anderen Farben ablehnte.

Das ähnelt einer schlimmen Krise. Aber der Traum von heute früh, als ich aufwachte, scheint mir einen Ausweg zu weisen.

Le sac antique en cuir dur

me rappelle une camarade de classe, à laquelle je me suis attachée à l'époque.

Elle était petite et mince avec un visage d'une madone, qui vivait seule avec sa mère, mais avait déjà un petit-ami avec qui elle menait une relation stable et aussi déjà sexuelle.

Elle avait une chambre en dehors de l'appartement tout en haut sous le toit, où elle m'avait demandé, pendant que je regardais par la fenêtre, si je savais ce que c'est la masturbation. J'ai dit oui bien que je n'aie eu aucune idée. Ma mère ne m'avait donné aucune explication sur les choses sexuelles. Nous avions peut-être 14 ans. Mon amie avait déjà des expériences sexuelles avec son petit-ami et quand elle avait 9 ans leur sous-locataire la caressait au lit quand sa mère n'était pas à la maison.

Mon amie, ma classe de camarade, n'avait donc pas beaucoup de temps pour moi. Souvent, quand je lui ai téléphoné pour demander un rendez-vous, elle devait et le voulait aussi, se promener avec sa mère et son chien, à part ses rendez-vous avec son petit-ami.

Quand elle est entrée au lycée, nos chemins se sont séparés, car par manque de confiance en moi, j'ai renoncé au lycée et suis partie pour faire une année sociale dans un établissement pour les sourds-muets lequel se trouvait dans une autre ville.

Nous nous voyions rarement. Cependant je lui ai téléphoné de temps à autre.

Un jour, après des années, elle a été abandonnée par son petit-ami. Pour les études elle a déménagé dans une autre ville, où elle a trouvé son nouvel petit-ami. La relation ne s'est pas déroulée comme elle l'aurait voulu. Elle a sauté par la fenêtre, parce qu'elle manquait de l'attention et de l'amour de son petit-ami. Donc il a eu lieu une nouvelle séparation, suivie d'une relation cachée qui a duré deux ans avec un de ses élèves adultes. Puis elle a connu son mari.

Ils vivent depuis longtemps tranquillement ensemble sauf une fois, elle s'est sentie menacée lorsqu'une autre femme s'est intéressée à son partenaire. Une psychothérapie les a rapprochés de nouveau. « Nous parlons plus qu'avant », disait-elle « ce qui est bien pour notre couple ».

Je pense souvent à sa mère solitaire, que j'aimais bien. Une femme potelée qui cousait toutes les robes de mon amie et lui pressait chaque jour un jus de fruit frais, ce qui m'a beaucoup impressionné. Sur le mur de la cuisine était accroché un poster de Tony Curtis, l'acteur qu'elle aimait bien.

Malheureusement elle est morte en conséquence d'un accident sur les escaliers de la gare de la ville où sa fille étudiait et à laquelle elle voulait rendre visite. Mais peut-être est-elle morte de solitude, car après le déménagement de sa fille, il ne lui restait que son chien.

C'était le hasard, que j'ai vu le sac en cuir dur, marron, antique. Je regardais par la fenêtre du café où j'écrivais, quand j'ai vu un homme traverser la rue, dans sa main un sac antique en cuir dur, marron, d'une forme spéciale. À l'époque ça faisait intellectuel, mon amie, ma classe de camarade, portait dedans ses livres d'école. C'était un sac à main, mais d'une forme d'une petite valise, difficilement à décrire. Un sac antique en cuir dur, marron, utilisé à l'époque par les sages-femmes ou les médecins pour transporter des choses médicales de base nécessaire pour examiner les patients et patientes.

Je ne sais pas d'où elle l'avait, mais elle était la seule à l'école, qui en disposait et cela lui donnait un aspect unique et intellectuel.

Je l'adorais et plus tard j'étais même un peu jalouse, quand elle a habité en colocation avec une femme indépendamment de ses relations avec ses partenaires masculins.

Elle a quitté l'appartement, leur communauté, quand elle est devenue pensionnaire. Elle a acheté ensemble avec son mari une belle maison. Son amie a trouvé heureusement en même temps un partenaire d'amour.

Je connais bien l'appartement, dans lequel je lui ai rendu visite à l'époque, quand elle était déjà prof au lycée. Dans sa classe elle n'avait pas de problème de discipline (comme je l'ai eu) malgré son apparence mince et petite. Elle était très sûre dans son transfert du programme. Elle disait que ce n'était pas un problème parce que ce sont chaque année les mêmes textes et sujets qui doivent être traités. Elle ne ferait pas d'expériences, mais enseignerait selon le programme scolaire et donc ce serait plutôt facile.

Aussi elle n'a pas eu de problèmes à se réadapter à son rôle d'enseignante après cinq ans à l'étranger où elle avait accompagné son mari qui y avait accepté un travail.

Je me souviens d'une lettre épaisse venant de l'étranger, dans laquelle elle a parlé de la pauvreté du pays et qu'elle y photographiait beaucoup. Après son retour, son ancienne école n'avait plus de place libre, mais elle s'est vite adaptée au nouvel lycée. Elle était très sûre dans son rôle professionnel. Elle n'avait pas peur des élèves, des autres profs, des parents des élèves moins gentils.

Au téléphone, elle parlait d'un ami proche d'elle que je connaissais aussi. Il était médecin, et a été frappé par une grave maladie, il perd sa vue et son cerveau se dissout, elle en est beaucoup attristée.

Notre temps au téléphone est limité, ils ont de la visite, des amis avec qui ils ont été au Folkwang musée à Essen. Ils sont allés en voiture, car elle conduit encore avec plaisir.

La dernière photo que j'ai d'elle la montre sur l'ile La Gomera. Son mari l'a pris sur photo lorsqu'elle a marché sur un chemin montant, à ses côtés les Bougainvilleas couleur pink, qui rayonnaient comme elle.
Est-ce que je me suis achetée ces fleurs magnifiques cette année en souvenir d'elle ?

Die antike, kofferähnliche Tasche

erinnert mich an eine Klassenkameradin, mit der ich mich sehr verbunden fühlte.

Sie war klein und dünn mit dem Gesicht einer Madonna. Sie lebte mit ihrer Mutter alleine, aber hatte schon einen festen Freund, mit dem sie eine stabile und sexuelle Beziehung führte. Sie hatte ein Zimmer außerhalb der Wohnung unter dem Dach. Ich erinnere mich, dass sie mich dort einmal, während ich aus dem kleinen Dachfenster schaute, fragte, ob ich wüsste, was Selbstbefriedigung sei. Ich sagte Ja, obwohl ich keine Ahnung hatte. Wir waren vielleicht 14 Jahre alt. Meine Mutter hatte mich nicht aufgeklärt. Meine Freundin hatte nicht nur mit ihrem Freund Erfahrung in diesen Dingen, sondern war auch schon als 9jährige von einem Untermieter gestreichelt worden, wenn sie im Bett lag und ihre Mutter nicht zu Hause war.

Meine Freundin, die Klassenkameradin, hatte wenig Zeit für mich, was mich betrübte. Oft, wenn ich sie anrief und nach einem Treffen fragte, musste sie und wollte sie mit der „Mutti" und dem Hund spazieren gehen, abgesehen von ihren Treffen mit ihrem Freund.

Als sie aufs Gymnasium wechselte, trennten sich unsere Wege, denn aus Mangel an Selbstvertrauen verzichtete ich darauf, stattdessen machte ich ein Diakonisches Jahr in einer Taubstummenanstalt, die in einer anderen Stadt lag. Wir sahen uns nur noch selten, so dass der Kontakt zeitweise zum Erliegen kam. Indessen rief ich sie hin und wieder an.

Sie wurde von ihrem festen Freund nach vielen Jahren verlassen. Für das Studium zog sie in eine andere Stadt, wo sie einen neuen Mann kennenlernte. Die Beziehung entwickelte sich jedoch nicht nach ihren Vorstellungen, sie bekam zu wenig Aufmerksamkeit und Liebe, weshalb sie sich eines Tages aus dem Fenster stürzte, sie hatte jedoch Glück im Unglück. Eine erneute Trennung kam auf sie zu. Es folgte eine geheim gehaltene Beziehung zu einem ihrer erwachsenen Schüler. Danach heiratete sie einen Mann, mit dem sie glücklich zusammenlebte, bis eines Tages eine andere Frau ihren Mann begehrte. Sie entschlossen sich zu einer Paartherapie, die sie einander wieder näherbrachte. „Wir reden wieder mehr!" sagte sie.

Ich dachte oft an ihre alleinlebende Mutter, um die es einsam geworden war. Ich mochte sie. Sie war eine rundliche Frau, die die Kleider ihrer Tochter selbst nähte und ihr jeden Tag einen frischen Saft presste, was mich außerordentlich beeindruckte. An der Küchenwand hing ein Poster des Schauspielers Tony Curtis, für den sie schwärmte.

Unglücklicherweise starb sie infolge eines Unfalls auf den Treppen des Bahnhofs der Stadt, in der ihre Tochter studierte und die sie besuchen wollte. Aber vielleicht ist sie an Einsamkeit gestorben, denn nach dem Wegzug ihrer Tochter in eine andere Stadt hatte sie nur noch ihren Hund.

Es war Zufall, dass ich die antike, kofferähnliche Tasche aus steifem, braunem Leder an der Hand eines Mannes entdeckte, der gerade die Straße überquerte, als ich durch das Fenster des Cafés sah, in dem ich schrieb. Meine Freundin benutzte eine solche als Schultasche. Sie war die Einzige an der Schule mit einer derartigen Tasche, das machte sie auch in dieser Hinsicht zu etwas Besonderem.

Die Tasche wurde früher als Hebammen- und Arztkoffer verwendet, in dem Basisinstrumente und Basismedikamente mitgeführt wurden.

Ich bewunderte meine Klassenkameradin und Freundin und war später, als sie als Studentin mit einer Frau zusammenwohnte, unabhängig von ihren Partnerschaften mit Männern, sogar ein wenig eifersüchtig. Sie verließ die Wohngemeinschaft erst als Pensionärin, als sie sich mit ihrem Mann zusammen ein Haus kaufte. Glücklicherweise fand die Freundin zu diesem Zeitpunkt einen Partner.

Ich kenne die Wohnung, in der ich sie mal besucht habe, als sie bereits Gymnasiallehrerin war. Sie hatte im Gegensatz zu mir keine Disziplin Probleme in der Klasse, obwohl sie eine so zarte Erscheinung war. Sie war sich sehr sicher in der Vermittlung. Sie meinte, es sei ja jedes Jahr derselbe, vorgeschriebene Lehrplan, an den sie sich halten würde, da mache sie keine Kompromisse. Sie hatte auch keine Probleme wieder ins Berufsleben einzusteigen, nachdem sie mit ihrem Mann fünf Jahre im Ausland gelebt hatte, wo er einen Arbeitsauftrag ausführte. Ich erinnere mich an einen dicken Brief, in dem sie von der Armut des Landes erzählte und schrieb, dass sie viel fotografiere. Nach ihrer Rückkehr konnte sie nicht am selben Gymnasium arbeiten, aber das machte ihr nichts aus. Sie war sich ihrer beruflichen Rolle sehr sicher und darum ging es ja. Sie hatte auch keine Angst vor weniger netten Kolleg*innen, Schüler*innen und Eltern. Auch das habe ich bewundert.

In unserem jüngsten Telefongespräch, erzählte sie von einem guten Freund, den ich auch noch von früher kenne. Er war Arzt. Leider war er schwer erkrankt, was meine Freundin sehr mitnahm, denn er war ein guter Freund. Er wurde zusehends blind und sein Gehirn löste sich allmählich auf.

Unsere Zeit am Telefon ist begrenzt, denn sie haben Besuch. Sie fährt immer noch gerne Auto und war mit ihrem Besuch im Folkwang Museum in Essen.

Das letzte in diesem Jahr von ihrem Mann aufgenommene Foto stammt von der Insel La

Gomera. Meine Klassenkameradin und Freundin wandert bergauf, sie kommt auf den Betrachter, die Betrachterin zu, an einer Seite das Weges leuchten wunderschöne, pinkfarbene Bougainvillea.

Habe ich mir deshalb dieses Jahr eine Bougainvillea für den Balkon gekauft, in Erinnerung an sie?

Le vieux couple

Au début

(« au début » cela me rappelle la chanson de Charles Aznavour qui aurait eu 100 ans aujourd'hui et à cette occasion la radio a diffusé la chanson « la bohème ». Dans la chanson Aznavour fait l'éloge aux jeunes artistes de vingt ans, qui vivent dans l'insouciance malgré la faim et le froid. Quand le chanteur vieilli visite plus tard les lieux, il s'aperçoit que rien de cette époque bohémienne n'a subsisté.),

je les ai souris gentiment et eux aussi m'ont dit bonjour gentiment.

Mais après, ils m'ont en quelque sorte dérangé, à cause de leurs voix, qui sont pénétrées dans mon oreille. Leur conservation à côté de ma table ne finissait pas, surtout quand leur fils les a joints, j'ai donc cherché une place plus loin. Avec le beau temps ils préféraient de s'assoir dehors, tandis que moi-même, je suis restée dedans parce que j'avais besoin de la prise pour mon ordinateur portable. Le fils ou petit-fils, aimait visiblement bien sa mère, dont il caressait de temps à autre la main, mais elle ne donnait pas de caresse en retour. J'essayais de les oublier et ai même espéré qu'ils n'étaient pas au café quand je me suis apprêtée d'y aller.

Bizarrement, d'un coup, j'avais le sentiment qu'ils me manquaient, même terriblement. J'étais perplexe devant ce phénomène. Puis un jour, où je me suis apprêtée à partir, j'ai fait signe à la femme que ma place serait libre, car ils cherchaient une place, mais elle a signalé un non par la tête, puis est entrée au café et m'a informé que son mari préférait de s'assoir dehors. Nous avons échangé quelques mots gentils, ensuite je suis partie.

Le jour après, quand je suis arrivée tôt au café pour y travailler, j'ai remarqué que mon sac à dos avec mon ordinateur portable dedans n'était plus sur mon dos. Je suis retournée en bus à la maison pour voir si j'avais oublié de le mettre parce que cela m'était déjà arrivée. Mais il n'y était pas. Je regrettais de ne pas avoir vu le couple, c'était encore trop tôt. Alors je suis allée à l'arrêt d'autobus, mais le conducteur n'avait pas envie de s'en occuper. Habituellement j'enlevais mon sac à dos lourd et le posais à côté de moi pendant le trajet. J'ai donc attendu un autre bus, dont la conductrice était plus serviable. Elle a pris contact avec le siège social de la compagnie de bus où ils ont dit que mon sac était encore là. On est convenu que j'attendrais le bus, dont ils m'ont donné le numéro, à l'arrêt près de centre-ville à une heure précise. J'y ai attendu une bonne demi-heure.

Sur ma grande surprise d'un coup le couple s'est tenu devant moi. Il venait du café et voulait prendre le bus pour aller en ville. Je leur ai raconté l'histoire de mon sac à dos, puis leur bus est arrivé et on s'est dit au revoir.

Je me demande ce que représente le couple pour moi. Je pense d'abord à mes parents avec lesquelles la relation n'était pas bonne et qui a laissé un manque.

C'est bizarre qu'on puisse ressentir encore à l'âge de 75 ans un manque, qui remonte à l'enfance. Mais le manque a survécu, comme s'il voulait absolument qu'on le satisfasse.

Das alte Ehepaar

Am Anfang
(« Am Anfang », das erinnert mich an ein Chanson von Charles Aznavour, der heute 100 Jahre alt geworden wäre, weshalb sie im Radio das Chanson „La Bohème" spielen. Darin huldigt er der jungen Künstler*innen um die 20 Jahre alt, die in Sorglosigkeit lebten trotz des Hungers und der Kälte. Als der gealterte Sänger an den Ort seiner Jugend, an den Ort de la

Bohème zurückkehrt, ist nichts mehr aus jener Zeit vorhanden.),
lächelte ich ihnen zu, und auch sie begrüßten mich freundlich. Aber dann störten sie mich wegen ihrer Stimmen, die in einem fort in mein Ohr drangen, denn die Tische standen dicht beieinander. Besonders, als sich regelmäßig ihr Sohn oder Enkel zu ihnen gesellte - der vielleicht über einen längeren Zeitraum zu Besuch war - wurde der in mein Ohr dringende Stimmenfluss penetrant, und ich suchte einen anderen Platz. Meiner Zuneigung folgte Abneigung. Mit dem schönen Wetter wechselten sie zum Glück nach draußen. Hingegen blieb ich drinnen wegen der Steckdose für meinen Laptop. Der Sohn bzw. der Enkel schien der Mutter bzw. der Oma sehr zugetan, denn er strich ihr des Öfteren zärtlich über die Hand. Sie tat aber nichts dergleichen.

Ich versuchte die Familie zu vergessen, die genauso regelmäßig hierher kam wie ich. Ich hoffte sogar, dass sie gar nicht mehr kämen, und ich wieder ungestört arbeiten könnte.

Seltsamerweise fehlten sie mir eines Tages, denn sie waren draußen und ich drinnen, es gab keinen Kontakt mehr, wenngleich es mehr oder weniger nur Grußkontakt gewesen war. Ich hatte das schmerzliche Gefühl eines inneren Mangels und war darüber perplex.

Als ich mich eines Tages nach getaner Arbeit anschickte, das Café zu verlassen, sah ich durch die Fensterscheibe, wie sie draußen nach einem Platz suchten. Ich machte ein Zeichen, dass mein Tisch frei würde, denn diesen Tisch hatten sie gerne besetzt, als sie noch drinnen Platz nahmen. Die Frau machte ein ablehnendes Zeichen, kam dann aber rein, um zu sagen, dass ihr Mann lieber draußen sitzen würde. Wenn sie warm genug angezogen sei, sagte ich, dann ginge das ja auch, sie bestätigte das. Ich war erleichtert, dass wir gesprochen hatten.

Als ich am nächsten Morgen im Café mein Getränk an der Verkaufstheke entgegennahm, bemerkte ich entsetzt, dass ich meinen Rucksack nicht auf dem Rücken hatte. Ich fuhr mit dem Bus nach Hause, in der Hoffnung, dass ich ihn dort vergessen hätte, denn das war mir schon passiert. Aber er war nicht da. Also ging ich zur Bushaltestelle, doch der Busfahrer war unfreundlich und hatte keine Lust, Nachforschungen anzustellen. Ich wartete den nächsten Bus ab. Dieses Mal hatte ich eine freundliche Fahrerin, die Kontakt mit der Leitstelle aufnahm. Mein Rucksack war noch da! Wir verabredeten eine Zeit und eine Haltestelle, wo ich meinen Rucksack entgegennehmen könnte. An der besagten Haltestelle wartete ich eine gute halbe Stunde. Plötzlich stand das Ehepaar vor mir, das ich zu meinem Bedauern so früh im Café nicht angetroffen hatte. Ich erzählte ihnen, was passiert war, dann kam auch schon der Bus, mit dem sie in die Stadt fahren wollten.

Ich fragte mich, was dieses Ehepaar für mich bedeutete, was oder wen es repräsentierte? Das konnten doch eigentlich nur die eigenen Eltern sein, mit denen das Verhältnis mangelhaft war.

Erstaunlich, dass ich diesen Mangel, der bis in die Kindheit zurückreicht, noch nach 75 Jahren schmerzlich fühlte. Als wenn der Mangel überlebt hätte, weil er unbedingt gestillt werden wollte und sei es im Alter von 75 Jahren.

Le café-boulangerie au rez-de-chaussée

Au café-boulangerie au rez-de-chaussée,

où tout est cher,

où vient quand-même tout le monde

de toutes les couleurs,

de toutes les langues,

surtout de la langue turque,

où viennent les handicapés,

où viennent beaucoup de personnes âgées avec des déambulateurs ou des chaises roulantes.

entre un homme en fauteuil roulant,

qui s'arrête devant le comptoir à pain près de l'entrée.

Les étagères avec le pain et les petits pains ne sont pas protégés par du verre.

Alors il pique sans problème un sac avec des petits pains et le cache dans son dos. Cela ne lui suffit pas, il fait encore un geste et pique un pain qu'il cache également dans son dos.

Nous sommes assises dans le domaine de tables et de chaises pour les hôtes de la zone d'accueil. Nous observons le vol, mais personne ne dit rien.

L'infirme tourne sa chaise roulante et quitte le café au rez-de-chaussée, dont la porte est toujours ouverte. L'homme à la table à côté de la mienne rit beaucoup de l'audace, du sans-gêne, du culot de l'infirme, mais il y a aussi ceux, qui disent que c'est insolent, impertinent, flagrant, scandaleux comme l'a dit une connaissance, à qui j'ai raconté cet évènement. Je pense qu'il a volé par manque d'argent, que ses revenues ne lui suffisent peut-être pas.

Das Bäckerei-Café im Erdgeschoss

Im Bäckerei-Café zu ebener Erde

ist alles teuer,

trotzdem kehren hier viele ein,

Menschen aller Hautfarben,

aller Sprachen,

insbesondere der türkischen,

etliche Behinderte,

und Rollstuhlfahrer*innen,

viele alte Menschen mit Rollatoren.

Das Café liegt im Erdgeschoss, seine Tür steht immer weit auf, so dass ein Rollstuhlfahrer ohne Probleme hereinfahren und vor der Brottheke anhalten kann.
Die Brottheke ist ohne Glasschutz.
Er stiehlt ohne zu Zögern eine Tüte mit Brötchen und versteckt sie hinter seinem Rücken.
Das reicht nicht, denn jetzt stiehlt er ein Brot und versteckt es ebenfalls hinter seinem Rücken.

Wir sitzen an Tischen im Gästebereich gegenüber der Verkaufstheke und beobachten ihn.

Der Mann am Nebentisch amüsiert sich köstlich über die Dreistigkeit des Rollstuhlfahrers, der sich das herausnimmt.

Es ist wohl eher selten, dass jemand einen Diebstahl mit Gutmütigkeit beobachtet.
Die Person, der ich später davon erzähle, ist empört.
Ich denke, es war aus Geldmangel.

La terre, elle brule

La terre brule ces jours-ci

dans tous les coins et recoins du monde.

Ce sont les hommes,

qui brulent la terre et le monde

à cause

de l'avidité,

du désir de vengeance,

de la soif de pouvoir,

du désir de dominer,

pour posséder la terre des autres,

les biens des autres,

pour leurs imposer leur volonté,

pour effacer leur identité,

leur peuple,

leur langue,

leurs enfants.

Qui sauvera la terre, le monde ?

Die Erde, sie brennt.

Die Erde, die dieser Tage an allen Ecken und
Enden der Welt brennt.

Es sind Menschen, die ihre Erde,

ihre Welt in Brand stecken,

aus Habgier

aus Rachsucht,

aus Machtgier,

aus Herrschsucht,

um das Land der anderen zu besitzen, um über sie zu herrschen, um sie sich untertan zu machen, um ihnen ihren Willen aufzuzwingen, um sie auszulöschen,

ihre Identität, ihr Volk, ihre Sprache, ihre Kinder.

Wer rettet die Erde, die Welt?

Un jour

Un jour

où les gens sortent du café-boulangerie avec des petits pains.

Il est encore tôt.

Le travail les attend,

mais aussi des rencontres désagréables ou agréables,

des rencontres furtives,

qui donnent des ailes ou qui dépriment.

Un jour

où il y aura des morts,

des gens qui exhalent leur dernier souffle,

tandis que dans d'autres chambres d'hôpital

des nouveau-nés poussent leur premier cri,

qui sont pris dans les bras de leur mama ou papa,

à moins qu'ils ne soient pas déjà des orphelins.

Un jour

où on peut lire,

qu'il y a une montée de la droite aux élections européennes,

un grand échec pour Macron qui annonce la dissolution de l'assemblée.

Un jour,

où se réalise pour une amie son rêve, car elle a trouvé un appartement avec jardin.

Un jour,

où les rêves deviennent réalité ou éclatent comme des bulles de savon.

Un jour,

où la lecture du livre « Adieu Romy » s'achève.

Pourquoi l'autrice s'applique à répéter et à répéter encore et encore

que Romy est laide sans maquillage ?

Et sans maquillage c'est aussi son visage vieilli qui apparait.

Je ne vois pas de mal dedans.

En outre l'autrice se concentre ardemment sur les faiblesses de Romy.

J'ai l'impression qu'elle souhaite de se débarrasser de Romy au plus vite.

Un jour,

où Ginette Kolinka, rescapée d'Auschwitz-Birkenau, fait part de son inquiétude face à la montée de l'extrême droite en France et en Europe.

„Si même les juifs se mettent du côté de l'extrême droite, on n'en finira jamais » regrette-elle.

Ses propos sont tenus quelques jours après la déclaration de Serge Klarsfeld, juif, qu'il voterait à l'extrême droite en cas de duel avec la gauche.

Un jour et quelques autres

où j'ai vu des bons films

« Au nom de ma fille Kalinka » avec Daniel Auteuil, 2016

« My Lady » avec Emma Thompson, 2018

« La mariée était en noir » avec Jeanne Moreau de François Truffaut, 1968

« Ascenseur pour L'échafaud » 1958 de Louis Malle avec Jeanne Moreau

« Les grands esprits » 2017 d'Olivier Ayache-Vidal avec Denis Podalydès

« Suite française » de Paul Dibb, 2015, avec Michelle Williams

Un jour

où un embryon atteint de trisomie attend son avortement.

Un jour

où j'ai acheté des haltères bleus,

pour que je fasse du fitness sur les derniers mètres de ma vie.

Un jour

Où Emmanuel Macron nomme enfin un nouveau Premier ministre.

Avant il devait subir des innombrables insultes, ce qui m'a choqué, car si mêmes les politiciens et politiciennes s'expriment de manière agressive, qu'est-ce qu'ils peuvent attendre de leur peuple, des jeunes gens, des écoliers et écolières ? La secrétaire nationale des Ecologistes Marine Tondelier dit que Macron est « un pervers », il « teste des noms parce que c'est un pervers ». À mon avis ça va trop loin.

Ein Tag

Ein Tag,

an dem die Leute mit Brötchen aus der Bäckerei kommen.

Es ist noch früh,

die Arbeit wartet,

und auch die angenehmen und unangenehmen Begegnungen,

flüchtige Begegnungen,

die beflügeln oder deprimieren.

Ein Tag

an dem Menschen sterben,

ihren letzten Atem aushauchen,

während in anderen Zimmern des Krankenhauses

Neugeborene ihren ersten Schrei ausstoßen,

Neugeborene, die von ihren Müttern oder Vätern in den Arm genommen werden, es sei denn, sie sind bereits Waisen, wenn sie auf die Welt kommen.

Ein Tag,

an dem zu lesen ist,

dass es einen monumentalen Anstieg der rechtsextremen Partei bei den Europawahlen gegeben hat, ein großer Misserfolg für Macron, der als Konsequenz die Auflösung der Nationalversammlung bekannt gibt.

Ein Tag,

an dem sich für eine Freundin ein Traum erfüllt,

denn sie hat eine lang ersehnte Wohnung mit Garten gefunden.

Ein Tag,

an dem sich Träume erfüllen

oder auch platzen wie Seifenblasen.

Ein Tag,

an dem das Buch „Adieu Romy" zu Ende gelesen ist.

Warum wiederholt und wiederholt und wiederholt die Autorin, dass Romy im Grunde hässlich ist, wenn sie nicht geschminkt sei?
Dass sie alt aussehe ohne Schminke.
Zudem konzentriert sie sich vollends auf Romys Schwächen.
Als wenn sie sich ihrer so schnell wie möglich entledigen möchte.

Ein Tag

an dem angesichts des Aufstiegs der Rechten in Frankreich und in Europa, Ginette Kolinka, eine Überlebende von Ausschwitz-Birkenau, ihre große Sorge ausdrückt. Nachdem der jüdische Serge Klarsfeld gesagt hatte, dass er im Falle eines Duells zwischen den Rechten und den Linken, die extreme Rechte wählen würde, sagte sie, dass, wenn sogar die Juden sich auf die Seite der extremen Rechten stellen würden, dann ende „das" nie.

Ein Tag und einige andere,

an denen ich gute Filme sah:

„Im Namen meiner Tochter - Der Fall Kalinka" mit Daniel Auteuil, von Vincent Garenq, 2016

„Kindeswohl" mit Emma Thompson, von Richard Eyre, 2018

„Die Braut trug schwarz" mit Jeanne Moreau von François Truffaut, 1968

„Fahrstuhl zum Schafott" von Louis Malle mit Jeanne Moreau, 1958

„Monsieur Foucault und seine Schüler*innen", 2017 d'Olivier Ayache-Vidal mit Denis Podalydès

„Suite française", de Saul Dibb, 2015, mit Michelle Williams

Ein Tag

an dem ein Embryo, bei dem Trisomie festgestellt wurde, auf seine Abtreibung wartet.

Ein Tag

an dem ich blaue Hanteln kaufe,

um auf den letzten Metern meines Lebens Fitness zu betreiben.

Ein Tag

an dem Macron, worauf alle mit Ungeduld warteten, einen neuen Premierminister ernannt hat. Bis es soweit war, musste er zahlreiche Beleidigungen hinnehmen. Besonders schockierend fand ich Marine Tondelier, Nationalsekretärin der Umweltschützer*innn, die Macron als einen Perversen bezeichnete, weil er für die Nachfolge des alten Premierministers diverse Persönlichkeiten empfing und mit potentiellen Nachfolger*innen telefonierte, was seine Zeit dauerte. Alle beklagen, dass Hass und Aggressivität Einzug in den sprachlichen Umgang gehalten haben, aber wenn Politiker*innen mit solchen Beispielen vorangehen, wie soll es dann die Bevölkerung anders machen oder die Schüler*innen?

La contemplation de l'image

Je contemple l'image,

que je viens de finir,

au moins pour l'instant.

J'y vois un couple d'amour,

qui s'aime doucement et à la folie.

L'une des deux « figurines » sur le tableau est
rouge et l'autre violette,

ce qui les unit, c'est la couleur jaune,

par laquelle sont traversé les deux.

Le jaune ressemble à un cœur,

un cœur plein de lumière,

mais brisé.

L'image me rappelle Chagall,

dont j'ai vu les tableaux à Nice,

sa couleur bleue,

rouge, jaune, verte et blanche.

C'est l'ensemble des couleurs

qui me rappelle les tableaux de Chagall,

mais aussi indispensablement les figurines,

lesquelles flottent dans l'air de l'image.

Les associations s'enchainent.

Je pense à une carte postale d'art dans une pochette,

que j'avais reçu d'une intermédiaire entre moi et mon amour à l'époque, qui avait rompu avec moi. Dans sa lettre il y avait des lettres et ajouté par l'intermédiaire compatissante cette carte d'art sur laquelle était le couple d'amour de Chagall, les financés, flottant dans les airs comme il les a souvent peints.

Die Betrachtung des Bildes

Ich betrachte das Bild,

das ich gerade fertig gemalt habe,

zumindest fürs erste.

Ich sehe darin ein Liebespaar,

das sich zärtlich liebt und bis zum Verrücktwerden.

Eine Figur ist rot, die andere violett.

Was sie vereint, ist das Gelb,

das sich sowohl im Rot als auch im Violett wiederfindet.

Es erinnert an ein Herz,

ein gelbes Herz,

ein Herz voller Licht,

aber zerbrochen.

Das Bild erinnert mich an Chagall,

dessen Bilder ich in Nizza gesehen habe,

es erinnert mich an sein Blau,

sein Rot, sein Gelb, sein Grün, sein Weiß.

Es ist die Gesamtheit der Farben,

die mich an ihn erinnern,

sowie die Figuren im Bild,

das schwebende Liebespaar.

Es erinnert mich

an das zufällig entstandene Liebespaar in meinem Bild, das auch zu schweben scheint,

und durch ein gebrochenes, gelbes Herz vereint und gezeichnet ist.

Die Assoziationen reihen sich aneinander.

Ich denke an die Kunstpostkarte,

die mir eine mitfühlende „Vermittlerin" zwischen ihm, der mich verlassen hatte und mir, in einem Kuvert mit anderen Briefen schickte.

Auf dieser Kunstpostkarte schwebte Chagalls Brautpaar, das er so oft gemalt hat.

« Les sons du silence » de Simon and Garfunkel

La musique me plonge

dans les jours de vacances sous la tente,

quand tu avais envie de caresser mes seins.

Elle me plonge

dans le temps

où tu as brisé mon cœur.

Cette musique mélancolique

„sounds of silence » de Simon and Garfunkel

m'a accompagné sous-jacente à travers les années.

Cette musique mélancolique,

« sounds of silence » .

Pourquoi elle ne se tait pas ?

Un amour malheureux

non partagé,

qui n'était qu'un jeu pour toi,

m'a poussé vers l'abime.

Pourquoi cette musique,

« sounds of silence »,

ne s'arrête pas ?

Pourquoi j'écoute le musicien,

qui joue dans la rue piétonnière

de sa guitare et de son harmonica

« sounds of silence » ?

Je l'entends déjà de loin.

Je m'approche lentement.

Il ne chante pas les mots.

Il ne joue que de la guitare et de l'harmonica.

Je lui donne quelques pièces.

Je reste.

J'écoute la musique mélancolique

« les sons du silence »

Pourquoi ?

« **sounds of silence** » von Simon and Garfunkel

Ich höre das Lied schon von weitem,

gespielt auf der Mundharmonika.

Ich höre die Gitarre,

aber keine Worte.

Das Lied schwebt in der Atmosphäre.

verbreitet Trauer und Wehmut.

„sounds of silence"

versetzt mich in die Ferientage von damals,

als du Lust hattest, im Zelt meine Brüste zu streicheln.

„sounds of silence"

versetzt mich in eine Zeit,

in der du mein Herz gebrochen hast.

Diese melancholische Musik

die mich unterschwellig jahrein jahraus begleitet hat,

warum schweigt sie nicht?

Eine Liebe,

die nur ein Spiel für dich war

und mich in den Abgrund stürzte.

Warum höre ich dem Musiker zu, der auf seiner Gitarre und Mundharmonika

„Sounds of silence" spielt?

Ich höre schon von weitem

das herzzerreißende Spiel der Mundharmonika,

das mich magisch anzieht,

Es weist mir den Weg zu dem Musikanten,

dem ich einige Münzen in sein Gitarren Etui lege.

Ich bleibe noch stehen und höre der Musik von damals zu, die mich in ihren Bann gezogen hat.

Le test de paternité

......Je ne sais pas si tu es au courant, que mon fils à la suite d'une tumeur cérébrale est devenu aveugle et que son père, un faux psychologue, chez lequel je cherchais de l'aide, m'a violé. Ce crime a été suivi par des années d'abus dans l'appartement de mes parents qui avaient le même âge que lui.

Pas de réponse.

Moi :

À quoi tu te souviens après l'écoulement de plus de 55 années, quand tu penses à nous ?

Réponse :

Spontanément de la demande d'un test de paternité.

Moi :

Oui, c'était une impudence sans pareil, j'en suis désolée et si c'est possible je m'excuse auprès de toi.

Il était autrichien et menait plusieurs procès pour ne pas devoir quitter l'Allemagne. Je ne sais rien sur le problème avec l'Autriche. Peut-être il y était recherché pour espionnage pendant la guerre.

Il était un criminel, qui abusait des autres et les rendait dépendants de la drogue. Il était avec sa photo dans les journaux : « Faux médecin viole des femmes ». Je ne me souviens plus exactement, car après beaucoup d'années même décennies j'ai tout jeté, mais on ne peut pas se débarrasser de son traumatisme par jeter et anéantir les « témoins ».

En ce qui te concerne j'imagine que c'est incroyablement difficile, d'avoir vécu toute une vie avec un être aimé et puis il disparait, il meurt.

J'espère que tu trouveras après ces trois années de deuil une nouvelle partenaire malgré les douleurs qui resteront.

Car tu es un homme de famille ce qui se voit sur les photos que tu m'as envoyées récemment, et sur lesquelles sont vos enfants avec leurs partenaires et beaucoup petits-enfants et aussi parce que tu as écrit que tu te sens heureux avec eux.

Pas de réponse.

Ecris-moi, si tu peux excuser.

Pas de réponse.

Moi :

Je ne sais pas d'où il avait ton nom. Peut-être de P.N. qui a été avec nous aux pays bas et qui me l'a recommandée en tant que psychologue au moment où j'allais mal et que j'étais en danger de me suicider.

Je peux m'imaginer qu'il lui a vendu des drogues comme il a fait avec E.D. qui était dans notre classe et qui m'avais téléphoné un jour à Hambourg en disant qu'elle pensait que je le savais. J'étais indigné.

Pas de réponse.

Moi :

Quand tu m'avais confié au moment où nous étions allongés sur le sol de ma chambre, étroitement enlacés, que vous vous étiez promis de vivre ensemble toute votre vie, K. et toi, et donc qu'il n'y aurait pas de perspective pour nous à moins que K. ne meure ou ne revienne pas de l'étranger, je me suis écroulée et n'allais pas à l'école pour quelques jours. Je pleurais incessamment. Quand je suis retournée à l'école tu étais déjà en train de t'amuser avec une autre de notre classe, U.T.. Je ne comprenais pas, que j'avais si peu d'importance pour toi, que je n'étais qu'un objet d'amusement pour toi.

Dans mon malheur j'ai cherché de l'aide et suis tombée sur ce violeur recommandé par P.N., la fille dans la classe parallèle, qui a été avec nous en vacances pour quelques jours en pays bas.

Je ne sais pas comment tu vois le temps d'autrefois si loin ?

Pas de réponse.

Moi :

J'espère, que tu ne m'as pas mal compris. Ce n'est pas de ta faute, que j'avais réagi ainsi, théoriquement il aurait pu être possible, que je me comporte autrement. Et aussi ce n'est pas de ta faute que je suis tombée sur un criminel, j'aurais aussi bien pu tomber sur un être bien, sur un psychologue utile et réel, au lieu d'un criminel recherché, qui n'avait qu'une formation de charpentier cassé, comme j'ai pu lire dans les journaux. Il était tellement sans scrupules, qu'il m'a suivi jusqu'au sanatorium où je devais garder le lit pendant presque un an à cause d'une tuberculose. Même là il m'a abusé sexuellement, et la femme médecin qui avait son âge avait succombé à son charisme autoritaire.

D'ailleurs, je pense que j'ai attrapé la tuberculose pour échapper à l'abus sexuel, mais ça n'a pas marché, puisqu'il m'a suivi jusqu'à la chambre du sanatorium….

Pas de réponse.

« De tout de façon », ai-je écris à mon camarade de classe de jadis,

« Nous n'aurions pas été heureux ensemble. Toutes mes tentatives de relations ont échoué, car je suis un être trop difficile. »

Pas de réponse.

Der Vaterschaftstest

…….Ich weiß nicht, ob du mitbekommen hast, dass mein Sohn infolge eines Gehirntumors im Alter von 3 Jahren erblindete und dass sein Vater, ein falscher Psychologe, bei dem ich Hilfe suchte, mich vergewaltigte. Es folgten Jahre des sexuellen Missbrauchs in der

Wohnung meiner Eltern, die sein Alter hatten….

Keine Antwort.

Ich:

Woran erinnerst du dich nach über 55 Jahren, wenn du an uns zurückdenkst?

Antwort:

Spontan an die Aufforderung zu einem Vaterschaftstest.

Ich:

Ja, das war eine unglaubliche Unverschämtheit. Es tut mir sehr leid, und ich entschuldige mich, wenn das geht.
Er war Österreicher und führte mehrere Prozesse, die verhindern sollten, dass er abgeschoben wurde. Was das Problem in Österreich war, weiß ich nicht. Vielleicht wurde er dort wegen Spionage während des Krieges gesucht.

Er war ein Verbrecher, der andere benutzte und drogenabhängig machte. Es war mit seinem Foto in den Zeitungen: „Falscher Arzt vergewaltigte Frauen…" Ich weiß nicht mehr genau, ich habe irgendwann die Zeitungsausschnitte weggeworfen, aber es ist nicht möglich, sich seines Traumas durch Wegwerfen oder Vernichten der „Zeugen" zu entledigen.

Was dich betrifft, so stelle ich es mir unermesslich schwer vor, mit einem geliebten Menschen sein Leben lang zusammen gelebt zu haben und diesen dann zu verlieren. Ich hoffe, du findest bald - nach drei Jahren der Trauer - eine neue Partnerin - trotz des Schmerzes, der bleibt. Du bist ein Familien Mensch, wenn ich das richtig sehe, jedenfalls in Anbetracht der Fotos, die du mir kürzlich geschickt hast, auf denen deine Kinder mit ihren Partnern, dazu noch viele Enkelkinder, zu sehen sind und in deren Mitte du glücklich bist, wie du schreibst.

Keine Antwort.

Schreib mal, ob du verzeihen kannst.

Keine Antwort.

Ich:

Ich weiß nicht, woher er deinen Namen hatte. Vielleicht von P.N., die damals mit uns in Holland war und die mir ihn, als es mir sehr schlecht ging und ich Suizid gefährdet war, als Psychologen empfohlen hatte. Im Nachhinein könnte ich mir vorstellen, dass er ihr vielleiht Drogen verkauft hat, wie auch E.D. aus unserer Klasse, die mich eines Tages in Hamburg anrief und mir davon erzählte. Ich bin aus allen Wolken gefallen und war empört, denn sie glaubte, dass ich davon gewusst hätte.

Keine Antwort.

Ich:

Wir lagen eng umschlungen in meinem Zimmer auf dem Fußboden, als du mir plötzlich erzähltest, dass K. und du, dass ihr euch fürs Leben versprochen habt und dass das mit uns keine Perspektive hätte, es sei denn, sie stürbe oder käme von ihrem Auslandsjahr nicht zurück. Ich war am Boden zerstört und bin einige Tage nicht in die Schule gegangen. Als ich zurückkam, hattest du dich bereits U.T. aus unserer Klasse zugewandt und mit ihr Zärtlichkeiten ausgetauscht. Ich konnte gar nicht begreifen, dass ich so bedeutungslos für dich war. Tja und da habe ich in meiner Verzweiflung und meinem Leid nach Hilfe gesucht, unglücklicherweise bin ich durch die Vermittlung von P.N. an diesen Vergewaltiger geraten.

Ich weiß nicht, welchen Blick du auf die damalige Zeit hast?

Keine Antwort.

Ich:

Ich hoffe, du verstehst mich nicht falsch! Es ist nicht dein Fehler, dass ich so reagiert habe, es wäre theoretisch auch ein anderes Verhalten meinerseits denkbar gewesen! Und es ist auch nicht dein Fehler, dass ich an diesen Verbrecher geraten bin, ich hätte ja genauso gut auf einen hilfreichen und echten Psychologen treffen können, statt auf ihn, der gar kein Psychologe war, sondern eine abgebrochene Tischlerlehre hatte, wie es damals in der Zeitung stand. Er war so skrupellos, dass er mich sogar bis ins Sanatorium verfolgte, wo ich wegen einer Tuberkulose fast ein ganzes Jahr liegen musste. Er hat mich sogar dort missbraucht und die

Ärztin in seinem Alter für sich eingenommen…Ich glaube im Übrigen, dass ich tuberkulose krank wurde, um mich ihm zu entziehen, aber ohne Erfolg….

Keine Antwort.

Ich:

Sowieso glaube ich, dass wir zusammen nicht glücklich geworden wären, denn alle meine Beziehungsversuche scheiterten, weil ich ein zu schwieriger Mensch bin.

Keine Antwort.

Les pleures

D'où viennent mes larmes ?

L'abime en moi semble interminable.

Je n'arrive pas à toucher la terre en moi,

je n'en ai pas en moi,

moi qui est une fille de paysans,

mais déracinée par la fuite du pays,

laquelle était nécessaire en raison de la persécution politique de mon père.

Hier j'ai donné des plantes devenues trop grandes pour mon balcon à une amie qui a depuis peu un jardin. J'ai toujours donné aux amies des plantes et des petits arbres devenus trop grands pour mon balcon ou pour mon appartement.

Au moins cela.

J'erre et pleure,

je pleure et j'erre

et je donne des plantes aux amies

qui ont un jardin.

Au moins cela.

Die Tränen

Woher kommen meine Tränen?

Der Abgrund in mir scheint unermesslich tief zu sein.

Es gelingt mir nicht, die Erde in mir zu berühren.

Ich verfüge über keine Erde in mir,

obwohl ich die Tochter von Bauern bin,

jedoch entwurzelt

durch die Landesflucht,

die nötig war, weil mein Vater

politisch verfolgt wurde.

Gestern habe ich einer Freundin, die seit kurzem einen Garten hat, zwei Fackellilien und einen Rosenstock geschenkt.

Wenigstens das.

Ich irre umher und weine.

Ich verschenke Pflanzen und kleine Bäume, die bei mir auf dem Balkon bzw. in der Wohnung zu groß geworden sind.

Wenigstens das.

Les années d'errance dans la jeunesse

Mon prof d'anglais disait :

« Don't take it easy, but take it .»

Mon prof d'allemand a publié mon poème du temps malheureux dans le journal d'école, avec une photo très sombre d'un orage.

Première strophe :

« pensées

déchirées, en lambeaux

sans pain,

sans eau »

Les années d'errance dans la jeunesse

Je pense c'est l'amour

que je cherchais

Mais l'amour de quel caractère

cherche-t-on

quand on a pas d'amour de soi ?

Jahre des Umherirrens in den Jugendjahren

Mein Englischlehrer sagte:

« Don't take it easy but take it »

Mein Deutschlehrer veröffentlichte eines meiner Gedichte aus unglücklicher Zeit in der Schülerzeitung mit dem dunklen Foto eines Gewitters, auf dem helle Blitze durchs Bild laufen.

Die erste Strophe lautete:

„Gedanken

zerrissen, zerfetzt,

ohne Brot

ohne Wasser"

Die Jahre des Umherirrens in den Jugendjahren.

Ich denke, dass es die Liebe war, die ich suchte,

aber Liebe welchen Charakters,

wenn keine Selbstliebe vorhanden ist?

D'un coup il parle

L'homme du sud de la France qui m'a fait souffrir par son long silence.

D'un coup il aimerait savoir,

ce que ma peinture abstraite, que je lui ai envoyé par e-mail, représente pour moi, ce que je veux exprimer.

Je lui écris, que je suis devant mes tableaux comme n'importe quelle autre personne avec ses fantasmes, ses projections, ses associations, que je n'ai pas la vérité.
Et aussi en voyant ce que j'ai peint, je ressens une peur envers les lambeaux sur la toile, comme si c'était un être humain déchiré.

Il répond, que ma peinture serait un défouloir qui me ferait du bien. Son défouloir à lui serait la marche. Aujourd'hui il sortirait de la maison dès que la pluie aurait arrêté.
Il m'envoie peu après une photo sur laquelle on voit un ciel qui s'éclaircir. Puis une photo d'un grand arbre en pleine fleuraison. Moi aussi je lui envoie donc des photos. Il m'avait même demandé : As-tu une photo pour moi ?
Il me demande si je me promenais. Où j'étais. Et plusieurs questions dans d'autres mails.

Je n'en revenais pas. Je ne sais pas, ce qu'il avait en tête, ce qui lui a pris, c'était comme au début de notre relation.

Le jour après je lui demande s'il va faire une randonnée aujourd'hui. Il répond que le temps n'est pas propice. Je demande ce qu'il va faire à la place. Là-dessus il se tait. Donc un nouvel arrêt d'échange s'installe. Le silence est retombé.

Et peut-être il est cette fois sans fin.

Mais non. Quand je lui écris, que j'ai anéanti mes derniers tableaux, il répond, que je ne peindrais que de l'abstrait, jamais moi ou une partie de moi.

Cependant je lui avais envoyé récemment deux petits autoportraits, mais il préfère évidemment le corps ou au moins une tête plus jeune, car je me souviens qu'il m'avait demandé à l'époque si je n'avais pas une photo de moi sur laquelle j'étais plus jeune, parce qu'il saurait changer des choses sur une photo, le même pour mes cuisses photographiées sous un angle désavantageux.

Et à ma question s'il allait voter, il répond qu'il avait toujours voté parce que ce serait le seul moment où on lui demande son avis.

La montée de la droite m'attriste beaucoup. Je lui ai demandé sur quelle chaine il regarderait les élections, mais pas de réponse.

Je ne sais pas pourquoi, mais il m'est passé par l'esprit l'histoire avec la voyante, la diseuse de bonne aventure qu'il m'avait raconté à l'époque.

En vacances il avait rencontré une femme divorcée. Elle lui disait qu'une voyante lui avait dit qu'elle rencontrerait son futur partenaire, un grand brun, en vacances. Il lui a cru que c'était lui et donc ils se sont liés avec ses deux enfants. Il était célibataire, sans enfant, un peu timide, 10 ans de moins qu'elle et avec un bon poste de travail, donc un bon salaire et en plus des biens. C'est méchant mais j'avoue que je me suis demandée si elle n'avait pas fait le calcul. Pour compléter ma méchanceté – et derrière se cache peut-être l'envie d'une vieille femme frustrée et une jalousie de leur vie réussie - je lui ai demandé, s'il n'avait jamais douté de cette histoire.

Pas de réponse.

J'avais bien sur une mauvaise conscience de ma méchanceté et ai donc écrit, ce qui compte, c'était l'amour.

Là il a répondu tout de suite : Oui.

M'avait-il bien compris ? Je pensais à l'amour de leur couple. Donc j'ai écrit : Vous avez la chance.

Il n'a pas répondu.

Je ne sais pas à ce qu'il pensait. Car hier soir il m'a de nouveau envoyé une rose extraordinairement jolie. On voyait à l'intérieur de la rose et je suis de plus en plus sûre, qu'il imagine un clitoris. Cela m'énerve. Je n'ai répondu que la rose serait incroyablement belle. Il a merci à Dieu ne pas répondu : « comme ton clitoris » ce qu'il avait répondu récemment. Mais ce matin il m'a demandé si je n'avais pas de photo pour lui. Je lui ai répondu, qu'il y avait une pluie forte, que je serais au café pour écrire. À mon mail j'ai joint une photo du café.
Bien sûr il est en manque de rapport sexuel, car sa campagne ne veut plus, à l'âge de plus de 80 ans, elle n'a plus envie d'être touché ou de toucher. Il m'avait parlé des sentiments émoussés après 30 ans de vie commune.
Je crois qu'il s'est créé un monde sexuel imaginaire à travers les fleurs épanouies.
À moins que ce ne soit pas moi qui est devenue folle, mais je ne crois pas quand je pense à ses slips sur une photo qu'il m'avait envoyé en demandant lequel j'aimais le plus, le bleu ou le rouge, le bleu signifierait le froid et le rouge la passion. Je n'y ai pas répondu. J'ai l'impression qu'il essaie de toutes les maniérés de me faire sortir de ma réserve.

Plötzlich spricht er

der Mann aus Südfrankreich, der mich lange durch sein Schweigen leiden ließ.

Plötzlich möchte er wissen, was meine abstrakte Malerei, von der ich ihm schon oft Fotos per e-mail schickte, für mich bedeute, was ich ausdrücken wolle.

Ich antworte ihm, dass ich vor meinen Bildern wie jede andere Person stehe, die sie mit ihren Phantasien betrachtet, mit ihren Projektionen, mit ihren Assoziationen, dass ich nicht im Besitz der Wahrheit wäre, und auch, die Fetzen betrachtend, die ich gemalt habe, käme es mir so vor, als sei ein menschliches Wesen in Stücke zerrissen worden.

Er antwortet, dass meine Malerei für mich ein Blitzableiter sei, und dass mir das gut täte.

Sein Blitzableiter sei das Gehen, das Wandern.

Sobald der Regen aufhöre, würde er das Haus verlassen.

Wenig später erhalte ich ein Foto von einem Himmel, der sich aufhellt und ein Foto eines blühenden Baumes. Ich sende ihm auch Fotos.

Er hatte mich sogar gefragt: Hast du ein Foto für mich?

Er fragt mich, ob ich spazieren gehe, wo ich gerade sei, wünscht mir gutes Schreiben.

Ich bin perplex. Was ist nur in ihn gefahren? Es war wie in den Anfängen unserer Beziehung.

Am nächsten Tag frage ich ihn, ob er heute auch wandert. Er antwortet, dass das Wetter dafür nicht günstig sei. Ich frage ihn, was er stattdessen mache? Darauf antwortet er nicht.

Erneut macht sich Schweigen breit. Vielleicht ist es dieses Mal endlos.

Aber nein, denn als ich ihn frage, ob er heute zur Wahl gehe, antwortet er, dass er immer gewählt habe, denn es sei der einzige Moment, in dem man ihn nach seiner Meinung frage.

Er antwortet auch, als ich ihm schreibe, dass ich meine letzten Bilder vernichtet habe. Er schreibt, dass ich nur abstrakt male, niemals mich oder einen Teil von mir.

Es ist jedoch so, dass ich ihm zwei kleine Selbst Portraits geschickt hatte, aber dass er ein Bild des Körpers vorzieht oder zumindest einen jüngeren Kopf, denn ich erinnere mich, dass er mich einmal fragte, ob ich nicht ein Foto von mir hätte, auf dem ich noch jünger sei, denn er wüsste, wie man auf einem Foto Sachen verändern kann. Dasselbe betraf meine Oberschenkel, die durch die auf dem Foto eingenommene Perspektive zu dick erschienen.

Der Aufstieg der rechtsextremen Partei macht mir Angst. Ich fragte ihn, auf welchem Sender er die Wahl verfolgen würde, aber keine Antwort.

Ich weiß nicht, was in mich gefahren war, aber nachdem mir die Geschichte mit der Wahrsagerin hochgekommen war, schickte ich ihm eine gehässige e-mail. Er hatte mir damals erzählt, dass er seine Lebensgefährtin in den Ferien kennenlernte. Sie habe ihm gesagt, dass sie geschieden sei, und eine Wahrsagerin ihr prophezeit habe, sie würde in den Ferien ihren zukünftigen Partner treffen, einen großen, schlanken, braunhaarigen Mann. Der Mann, den sie traf war nicht nur braunhaarig, schlank und groß, sondern auch etwas schüchtern. Er war Junggeselle, ohne Kinder und 10 Jahre jünger als sie. Er hatte einen guten Posten, verdiente also gut und hatte Vermögen. Ich hatte in meiner e-mail die Gehässigkeit, ihn zu fragen, ob er nie daran gedacht habe, dass es ein Kalkül von ihr gewesen sein könnte. Natürlich hat er darauf nicht geantwortet. Ich fragte mich, ob sich hinter meiner Gehässigkeit nicht der Neid einer frustrierten alten Frau verbarg sowie die Eifersucht auf das glückliche Leben mit seiner Partnerin, denn ich hatte selbst nie mit einem Mann zusammengelebt, meine Beziehungsversuche waren immer gescheitert. Mein schlechtes Gewissen meldete sich, und ich schrieb ihm, was letzten Endes zähle, sei die

Liebe. Daraufhin antwortete er umgehend mit Ja. Ich weiß aber nicht, ob er mich richtig verstanden hat, denn ich meinte die Liebe zu seiner Frau und schrieb deshalb, dass sie Glück hätten, was er unkommentiert ließ.

Gestern schickte er mir erneut ein Foto von einer wunderschönen Rose. Man sah in das Innere der Rose hinein, und ich bin mehr und mehr davon überzeugt, dass er darinnen eine Klitoris entdeckt, sie sich vorstellt. Das nervt mich. Ich habe nur geantwortet, dass die Rose unglaublich schön sei. Gott sei Dank hat er dieses Mal nicht wie letztes Mal, als er ein Foto einer geöffneten Rose geschickt hatte, geantwortet: Wie deine Klitoris!
Heute Morgen fragte er mich, ob ich nicht ein Foto für ihn hätte, als wenn er auf ein ähnlich schönes Foto von mir wartete, aber ich schickte ihm nur das Foto des Cafés, in dem ich gerade schrieb.
Sicherlich leidet er darunter, dass er mit seiner Frau keinen sexuellen Verkehr mehr hat, jedenfalls sagte er das damals, die Gefühle seien nach dreißig Jahren abgestumpft und sie, die bereits über 80 sei, wolle nicht mehr berührt werden und ihn nicht mehr berühren. So hat er sich in eine Welt der Blüten verstiegen, die ihm ihre „Klitoris" zeigen. Es sei denn, ich bin die Verrückte, aber ich glaube nicht, wenn ich an

das Foto mit seinen Slips denke und seiner Frage, ob mir der rote oder der blaue besser gefalle, der blaue würde Kälte ausdrücken, der rote Leidenschaft. Ich habe ihm diese Frage nicht beantwortet. Es kommt mir so vor, als wenn er versucht, mich auf alle erdenklichen Weisen aus der Reserve zu locken.

Se séparer des peintures

J'ai jeté récemment plusieurs tableaux qui étaient devenus insupportable, parce que je trouvais les couleurs tellement fortes que cela faisait mal aux yeux et aussi les images donnaient l'impression d'un être humain déchiré violemment en lambeaux.

J'ai encore « jeté » un tableau, mais cette fois-ci un petit.

Et j'ai détaché une grande toile du châssis à clés, c'était une vieille toile bien aimée à l'époque de laquelle j'avais même fait imprimer une carte d'art. Sur cette toile j'avais peint mille petites touches de couleurs fraiches librement dispersées sur la surface.

Comme j'aspire à plus de calme, je l'ai détaché du châssis à clés, mais je ne l'ai pas jeté, non, je l'ai roulé et ai mis un ruban autour pour le fixer. Contente de ne pas avoir jeté cette peinture si précieuse à mes yeux.

Sich von Bildern trennen

Nachdem ich mich vor kurzem von Bildern getrennt habe, weil darauf die schon mehrmals übermalten Farben so stark waren, dass es dem Auge weh tat

- überdies erinnerten mich die Fetzen an eine in Stücke zerrisse Person, das konnte ich nicht aushalten -

habe ich des Weiteren noch ein kleines weggeworfen und ein großes von seinem Keilrahmen abgelöst.

Es war eine alte, aber geliebte Leinwand, von der ich damals sogar eine Kunstpostkarte drucken ließ. Tausend kleine Farbtupfer, die ich frei ohne eine Anordnung auf der Fläche verteilte, es waren besonders schöne, frische, helle Farben.

Aber da ich mich nach Ruhe sehnte, habe ich die Leinwand, auf der es nur so von Farben wimmelte, schlussendlich vom Keilrahmen heruntergeholt, sie aber nicht weggeworfen wie die anderen, sondern eingerollt und die Rolle dann mit einem Band zugebunden. Ich bin sehr zufrieden, dass ich dieses Bild, das mir sehr am Herzen lag und liegt, nicht weggeworfen habe.

Le cochon

Ce matin assise dans le bus,
j'ai vu par la fenêtre
un cochon allongé sur le trottoir.
Je savais bien sûr, que cela ne pouvait pas être vrai et souriais intérieurement, quand je regardais le cochon à nouveau.
Bien évidemment cela ne pouvait pas être vrai et en réalité c'était un grand papier kraft, un papier d'emballage, plié de manière chaotique.
J'étais contente de la surprise et qu'il m'arrivait encore de regarder plus profond. Je me suis souvenue que j'avais vu un oiseau à mes pieds, il avait été torturé et il est mort, puis je me suis rendue compte que ce n'était qu'une feuille morte qui tombait et en tombant se tournait jusqu'à son arrivé au sol.
J'ai aussi rencontré un couple, homme-femme, dans le parc, ils avaient des têtes de cochon à la place de leurs propres têtes.

Je reviens sur le cochon. Je me souviens des cochons tués par mon père et d'une personne autorisée. Les deux moitiés du cochon pendaient dans notre buanderie située dans la cave que je devais traverser en venant de l'école pour arriver à notre appartement dans notre maison. Il est possible que les lambeaux sur le tableau jeté représentassent les moitiés du cochon tué. Mes parents étaient des paysans, mais ont fui leur terre à cause des raisons politiques. Cependant ils avaient toujours là où ils se sont installés, un peu de terre et quelques bêtes.

Je ne comprenais pas mon père qui aimait ses deux cochons, les a caressés et leur a parlé avec des mots tendres, mais les a quand-même tués. J'ai vu donc un cochon coupé en deux moitiés lesquelles pendaient et saignaient dans la buanderie. Un peu plus tard ces moitiés étaient encore coupé en morceaux par mon père et ma mère. Un bain de sang autour. Ils ont recueilli le sang pour l'utiliser quand ils ont fait des saucisses qui s'appelaient « le boudin noir », que j'ai refusé de manger. La viande crue était passé dans un hachoir à viande.

J'ai aussi le souvenir de la main de ma mère dans le corps nu des poules et des oies, desquelles elle avait arraché toutes les plumes avant de s'en prendre à leur entrailles. Tout cela m'a bouleversé et m'a marqué.

Il est vraisemblable que les têtes de cochon de l'homme et de la femme dans le parc à la place de leurs propres têtes humaines soit lié à ces expériences.

Cela montre que les hallucinations ont des causes qui leur ont donné naissance.

Das Schwein

Heute morgen im Bus sitzend,
fiel mein Blick durch das Fenster.
Da sah ich ein Schwein platt auf dem Bürgersteig liegen.
Ich wusste natürlich, dass das nicht sein kann und lächelte in mich hinein, als ich das Schwein erneut anschaute.

Natürlich konnte es nicht sein, es war in Wirklichkeit ein zusammen geknüddeltes, großes Packpapier.

Ich freute mich über die Überraschung und dass es mir immer noch passierte, dass ich „tiefer" sah. So fiel mir ein, dass ich eines Tages vor meinen Füssen einen zu Tode gequälten, verendenden Vogel sah, es war jedoch ein herabfallendes, vertrocknetes Blatt, das sich auf dem Boden hin und her wand.

Ich bin auch schon einmal einem älteren Paar, Mann und Frau, im Park begegnet, die, statt ihrer eigenen Köpfe, Schweinsköpfe trugen.

Ich komme auf das Schwein zurück, denn ich erinnere mich an die getöteten Schweine durch die Hand meines Vaters und einer autorisierten Person. Die Schweinehälften hingen in unserer Waschküche im Keller und verstörten mich, wenn ich von der Schule nach Hause kommend, den Waschkeller durchquerte, um in die Wohnung unseres Hauses zu gelangen.

Es kann sein, dass die gemalten großen und farbintensiven Fetzen auf dem weggeworfenen Bild, die Schweinehälften darstellten. Meine Eltern waren Bauern, die aus politischen Gründen geflüchtet waren. Sie hatten jedoch überall, wo sie sich niederließen, ein bisschen Acker und ein paar Tiere.

Ich verstand nicht, wieso mein Vater, der seine beiden Schweine liebte, sie mit Kosenamen ansprach und zärtlich streichelte, sie dennoch tötete.

Ich sah zwei große, blutende Schweinehälften an ihren Füssen aufgehängt. Etwas später wurden sie in kleine Stücke gehackt, zerstückelt. Das Blut wurde aufgefangen und u.a. für die „Blutwurst", die ich nie aß, gebraucht und für die das rohe Fleisch durch einen Fleischwolf gedreht wurde.

Ich erinnere mich auch an die bloße Hand meiner Mutter in den nackten Körpern der Hühner und Gänse, deren Federn sie zuvor aus der Haut rupfte. Aus ihrem Inneren holte sie dann mit ihrer bloßen Hand die Eingeweide heraus.

Alles das zusammen hat mich erschüttert und geprägt.

Wahrscheinlich habe ich deswegen bei dem Mann und der Frau, die mir im Park entgegenkamen statt ihrer eigenen Köpfe Schweinsköpfe gesehen.

So hat alles seine Ursache, sogar die Halluzinationen.

L'homme blessé

En voyant cet homme blessé au front, je pensais que sa femme le maltraite peut-être, même qu'elle n'hésite peut-être pas à le frapper violemment et de le torturer de diverses manières avec ses mains ou un objet. Je connais cet homme de vue, car lui aussi travaille souvent au café. J'avais l'impression qu'il couve une dépression.

Je trouve que cela se voit quand une personne est dépressive, l'expression n'a plus de force, les traits du visage sont ramollis. L'expression du visage donne l'impression que la personne ne peut pas se défendre, qu'elle est sans défense. Ses yeux semblent perdus dans un monde flou. La personne n'est pas vraiment dans le présent, mais vit derrière un voile. Les autres sont pour lui inaccessible derrière une vitre invisible.

L'impossibilité de se défendre joue d'après moi, un rôle important dans la dépression. Je suppose, qu'il y a eu déjà dans l'enfance un sentiment d'impuissance grave envers un adulte puissant qui a interdit à l'enfant ou à l'adolescent de se défendre, qui a fait d'eux des esclaves et les a fait taire.

Ils se sont donc habitués à se taire et à étouffer leurs sentiments et à opprimer leurs pensées.

Il faut apprendre à la personne dépressive de retrouver les mots dont la dépression a pris possession.

Maintenant je déconne, car en voyant cet homme avec sa cicatrice rouge foncé et dure sur son front, il me passe bizarrement par l'esprit qu'il m'a pris en photo, parce que en levant ma tête il faisait une photo dans ma direction. J'imagine qu'il a l'intention de me tuer au lieu de tuer sa femme et peut-être encore d'autres femmes à cause du fait qu'il se soumet à sa femme, qui le torture. Quelle imagination ! Je regarde évidemment trop de crimes, bien que souvent ennuyant et fait par des images choquantes, mais des images choquantes ne font pas encore un bon film de crime.

En le voyant une troisième fois avec sa grande cicatrice rouge foncé sur son front il me vient à l'esprit que lui aussi a peut-être été violent et a frappé et torturé sa femme. Oh mon Dieu, ça finira comment ?

Mon imagination est vraiment dingue. Ce matin au café il y avait un couple avec un enfant, dont les deux adultes s'occupaient de manière envahissante, tout de suite je pensais qu'ils abusaient sexuellement de cet enfant. Oh mon Dieu !

Est-ce qu'il n'y a vraiment pas un autre monde en moi que celui de l'abus et de violence ?

Mais il y a dans la réalité souvent des relations, dans lesquelles dominent la violence et l'abus sexuel. Ces jours-ci il y a un procès en cours contre un homme, qui a depuis plusieurs années drogué sa femme pour la faire violer par des hommes qu'il a recruté sur internet, entre 30 et 50 hommes. ….

Au Kenya une participante aux jeux olympique à Paris, marathonienne ougandaise, Rebecca Cheptegei a été brulé vive devant ses enfants par son ex à son retour….

Il y a des pays où la violence contre les femmes et l'assassinat des femmes est sur l'ordre du jour.

Der verletzte Mann

Als ich den Mann an seiner Stirn verletzt sehe, denke ich an eine Gewalttat seiner Frau. Er trägt einen Ehering. Ich habe ihn schon des Öfteren im Café arbeiten sehen und fand, dass er einen depressiven Gesichtsausdruck hat, was sich für mich darin zeigt, dass seine Gesichtszüge wie aufgeweicht erscheinen, nicht sicher, klar und fest. Ein depressiver Mensch scheint mir hinter einer unsichtbaren Glasscheibe zu leben, weshalb die anderen unerreichbar sind. Er wirkt machtlos, unfähig sich zu verteidigen

Auf der verletzten Stirn des Mannes klebt kein Pflaster, sondern eine dunkelrote Blut Kruste.

Die Unfähigkeit sich zu verteidigen, so scheint mir, spielt eine wichtige Rolle in der Depression. Wahrscheinlich hat es schon in der Kindheit ein Ohnmachtsgefühl gegenüber einem Stärkeren, einem Erwachsenen, gegeben, der es verboten hat, sich zu wehren, der oder die das Kind oder den Jugendlichen mundtot gemacht hat, so dass diese Person an seinem oder ihrem Totgeschwiegenen zu ersticken droht.

Deshalb ist es unerlässlich, die depressive Person zum Sprechen zu motivieren und sie ihre Version erzählen zu lassen.

Nun spinne ich aber wirklich, denn als ich den Mann mit seiner großen, dunkelroten Blut Kruste auf der Stirn sehe, denke ich daran, dass er sein Handy in meine Richtung hielt, als er fotografierte und deshalb fantasiere ich, dass er mich vielleicht umbringen will anstelle seiner

Frau, dass er vielleicht ein Serien Mörder ist, der seine Frau verschont, sie nicht anrührt, sondern sich ihr unterwirft.

Ich glaube, ich gucke zu viele Krimis, von denen auch noch viele langweilig sind und meinen, wenn sie schockierende Bilder zeigen sei das schon ein Krimi.

Aber dann kann ich mir plötzlich doch vorstellen, dass er sich gewehrt hat oder sogar als erster zugeschlagen hat, also dass beide aufeinander einschlugen. Gott wie furchtbar! Wie soll das enden?!

Meine Vorstellungskraft ist unübertrefflich, denn heute Morgen im Café benahmen sich die Eltern eines Kindes meiner Meinung nach übergriffig, was sofort die Vorstellung auslöste, dass sie es sexuell missbrauchen. O je!

Gibt es für mich denn wirklich keine andere Welt als die, in der Missbrauch und Gewalt herrschen?

Es werden jedoch auch tatsächlich immer wieder Beziehungen bekannt, in denen unsägliche Gewalt und Missbrauch herrschen.

Gerade läuft ein Prozess in Frankreich gegen einen Ehemann, der seine Ehefrau jahrelang unter Drogen setzte und auf einer Plattform 30 bis 50 Männer rekrutierte, die seine Frau vergewaltigten....

In Kenia wurde die Olympiateilnehmerin von Paris und Marathonläuferin Rebecca Cheptegei nach ihrer Rückkehr vor den Augen ihrer beiden Kinder bei lebendigem Leibe von ihrem Exmann verbrannt...

Es gibt Länder, in denen die Gewalt gegen Frauen und ihre Ermordung auf der Tagesordnung stehen.

La nature est belle

Ce matin j'ai reçu un e-mail de l'homme du sud de la France. Il écrivait : « La nature est belle » jointe d'une photo d'un grand arbuste magnifique de bougainvillées en pleine floraison. Il aime prendre des photos de la nature, surtout des fleurs qui alimentent son imagination.

Je lui avais envoyé une photo sur laquelle était peinte sur un mur de maison une colombe blanche symbolisant la paix à côté d'une porte avec beaucoup de couleurs peintes à la bombe.

Me référant à sa phrase « La nature est belle », j'ai écrit « Moi aussi ». Qu'est-ce qui se passait avec moi ? Je ne me connaissais pas ce ton, je ne le connaissais que de ma sœur.

Je croyais qu'il ne répondrait pas, mais si, il a écrit « Oui ». C'est étrange, mais j'étais soulagée. Comme si j'avais besoin de confirmation.

L'été était là, je lui ai donc envoyé deux photos, sur lesquelles j'étais en deux robes d'été différentes. Je lui ai demandé laquelle il préférait. Encore une fois je cherchais visiblement une confirmation. Il a répondu : « J'aime bien les deux. La violette jambes nues doit bien t'aller ». La robe violette est très courte, la raison pour laquelle je porte en dessous des leggings. À mon âge je me sens plus à l'aise avec. Bien qu'il ait raison, n'empêche que je me sens comme une petite vieille femme délaissée tandis que lui, il voyage avec sa femme dans de beaux endroits. Mais cela je n'écris pas puisque je pense que ce n'est pas de sa faute que je me sens délaissée, ça vient plutôt de ma petite enfance et que j'ai tendance

de me répéter et de tomber toujours dans le
même piège.

Die Natur ist schön

Heute Morgen schrieb mir der Mann aus
Südfrankreich: „Die Natur ist schön", der E-
Mail beigefügt war ein Foto eines üppig
blühenden Bougainvilleas Strauchs. Er
konzentriert sich in seinen Fotos hauptsächlich
auf die schöne Natur, insbesondere den
aufgeblühten Blumen, an die ihn eine spezielle
Phantasie bindet.
Es war seine Antwort auf ein Straßenfoto, das
ich ihm gestern Abend geschickt hatte, auf dem
ich eine Hauswand mit einer gemalten, weißen
Friedenstaube neben einer voll mit bunten
Farben besprühten Tür fotografiert hatte.
Bezugnehmend auf „Die Natur ist schön",
schrieb ich „Ich auch". Merkwürdig, was war in
mich gefahren? Solche Töne hatte ich nie
angeschlagen, die kannte ich nur von meiner
Schwester. Ich glaubte schon, er würde darauf

nicht antworten, aber dann schrieb er „Ja".
Komischerweise erleichterte mich das.
Offenbar war ich auf Bestätigung angewiesen.

Der Sommer war da. Ich schickte ihm zwei
Fotos, auf denen ich in verschiedenen Kleidern
zu sehen war und ihn deshalb fragte, welches
der beiden Kleider ihm besser gefalle. Wieder
suchte ich Bestätigung. Er schrieb, dass er beide
möge und dass das lila kurze Kleid, unter dem
ich eine Leggings trug, mir mit nackten Beinen
gutstehen müsste.

Seine Bestätigung verhindert nicht, dass ich
mich wie eine kleine, alte, verlassene Frau
fühle, während er mit seiner Frau an schöne
Orte reist und dort das gemeinsame Leben
genießt. Aber das schreibe ich ihm nicht, denn
ich finde, es ist nicht sein Fehler, dass ich mich
so fühle, das kommt vielmehr aus meiner
frühen frustrierenden Kindheit, die ich offenbar
wiederhole.

La scène d'adieu

Au petit matin
Je suis entrée sur mon balcon
pour arroser les plantes
avant que le soleil n'arrive.
Je me suis penchée par-dessus la balustrade
et en regardant vers le bas,
j'ai vu qu'un taxi s'était arrêté.

Un petit enfant courait vers le taxi,
Peu après son père est arrivé,
et aussi une femme, probablement sa mère, dont
l'enfant ne se lassa pas de l'embrasser.

J'étais très touchée par cet amour
de l'enfant pour sa mère.

Plusieurs fois
l'enfant sortit du taxi
dont la porte est restée ouverte
pour encore embrasser sa mère,
pour coller son petit corps contre le sien.

Le père est enfin monté en premier,
mais descendit, après que l'enfant était monté,
pour embrasser sa femme sur la bouche
qu'elle lui tendit.
Les deux aussi s'aimaient visiblement.

J'étais surprise que la scène d'amour familiale
me captiva autant
et provoqua en moi de forts sentiments.

Ce dernier temps
j'avais souvent observé l'amour
entre mère et fils
mais aussi entre mère et fille,
leur lien de corps.

L'amour étais réciproque,
la mère répondait à l'amour de son enfant,
qui avait besoin de son corps
de le sentir tout près,
qu'il avait quitté il y a quelques années
seulement.

Die Abschiedsszene

Frühmorgens betrat ich meinen Balkon,

um die Pflanzen zu begießen,
bevor die Sonne sie verbrennen würde.
Ich lehnte mich über das Balkon Geländer
und sah unten in der Straße ein wartendes Taxi
mit geöffneter Tür.

Ein kleines Kind lief auf das Taxi zu,
kurz darauf erreichte der Vater das Taxi
und eine Frau, an die sich das Kind lange
anschmiegte.
Es wollte die Frau, die augenscheinlich die
Mutter war, nicht loslassen,
umarmte immer wieder ihren Körper, deren
Taille es erreichte,
und auch die Mutter schlang ihre Arme um den
kleinen Körper,
der sich an sie drückte.

Ich war von der Liebe zwischen Mutter und
Kind tief berührt.

Mehrere Male verließ das Kind das Taxi,
um die Mutter immer wieder zu umarmen,
seinen kleinen Körper an den ihren zu
schmiegen.
Daher stieg jetzt der Vater ein, jedoch verließ er
das Taxi wieder, nachdem der Junge
eingestiegen war,
um seine Frau auf den Mund zu küssen, den sie
ihm hinhielt.

Auch die beiden liebten sich offensichtlich
sehr.

Es überraschte mich, dass mich die familiäre
Liebesszene so betroffen machte
und in mir ein so starkes Gefühl auslöste.

In der letzten Zeit
beobachtete ich oft die Liebe zwischen
Mutter und Sohn,
aber auch zwischen Mutter und Tochter,
die körperliche Bindung,
die gegenseitig war.

Die Mutter erwiderte die liebende Umarmung
des Kindes,
das Sehnsucht nach ihrem Körper hatte,
den es erst vor einigen Jahren verlassen hatte.

Zen

Une certitude que tout le monde connait, fait
apparition,

la mort,

la maladie mortelle,

qui donne encore un temps limité au malade,

de faire ses adieux.

Celui, dont je parle

aimerait

pratiquer le Zen au Japon

ce qu'il a toujours voulu faire.

Mais son magasin le retenait.

Et sa famille, ses enfants et petits enfants

qui demandaient son temps libre,

qu'il le sacrifie à eux.

Son magasin est plein des appareils électriques et électroniques, empilées les unes sur les autres. Il sait se frayer un chemin dans le désordre du magasin et trouve finalement toujours ce qu'il cherche.

Il fait beaucoup de bricolage et de réparation et c'est pour cela aussi que les gens aiment ce magasin où règne le bordel.

C'était le hasard, que je me suis retrouvée

devant son magasin, dont la porte était ouverte pour 3 heures le vendredi après-midi, sinon close à cause de sa maladie, dont je ne savais rien jusqu'alors.

J'avais besoin d'une simple radio, qu'il a déniché d'un coin au fond du magasin.

C'est à cette occasion qu'il me parle de son cancer et son désir d'aller au Japon pour pratiquer le Zen.

Je lui ai donc parlé de Leonhard Cohen, qui a passé un temps dans un monastère pour connaitre et pratiquer le Zen. Puis je lui ai recommandé un groupe de Zen dans notre quartier résidentiel, où j'ai participé quelques fois il y a longtemps, mais moi, les maîtres et les groupes c'est difficile.

Je m'intéresse à ce qu'il voit dans le Zen, ce qu'il y cherche donc je lui demande pourquoi le Zen ?

Il répond parce qu'il ne l'a jamais fait. Il avait fait des études de sport à la fac et avait pratiqué toutes les disciplines sportives, y compris Qi gong et Tai chi sauf le Zen. Je ne sais pas si on peut les appeler sport.

Un client fait irruption dans son magasin bourré où il n'y a qu'un mètre carré pour les clients. Je donne la feuille à l'homme malade qui s'intéresse au Zen sur laquelle j'ai écrit l'adresse du groupe, mais que l'on peut aussi trouver sur internet, puis je sors en lui souhaitant bonne chance.

C'est étrange, mais quand-t-on attire l'attention sur quelque chose, on la croise aussi dans d'autres contextes. J'écrivais au café quand j'ai vu soudainement un sac en tissu d'une jeune femme, sur lequel était écrit : « Zen estetic ». Croisant la femme une deuxième fois dans la rue, je lui ai demandé. Elle disait qu'il s'agit de la mode française en tissus imprimés.

Zen

Eine Gewissheit, die alle kennen,

taucht plötzlich auf,

der Tod,

die tödliche Krankheit,

die dem Todkranken, der Todkranken meistens noch eine begrenzte Zeit lässt, vom Leben Abschied zu nehmen.

Derjenige, von dem ich spreche,
würde gerne noch nach Japan reisen
um Zen kennenlernen,
was schon immer sein Ziel war.
Sobald er in Rente ginge,
sollte es losgehen.
Sein Geschäft
hielt ihn bislang zurück,
seine Familie, seine Kinder und Enkelkinder,
die seine Zeit reklamierten
und die er gerne für sie opferte.

Sein Geschäft ist voll von elektrischen und
elektronischen Geräten, kleinen und großen.
Der Anblick des vollgestopften Ladens bietet
ein vollendetes Chaos,
aber er versteht es, sich einen Weg zu bahnen,
um zu suchen, was der Kunde, die Kundin
begehrt.
In. meinem Fall ist es ein simples Radio. Er
möchte mir ein digitales verkaufen, aber ich
bestehe auf ein analoges und einfaches, in dem
ich die Sender mit dem Drehknopf finde. Ich
erhalte eines für 35€ und bin zufrieden.

An der Eingangstür stand, dass er nur noch freitagnachmittags geöffnet habe und sonst nach Vereinbarung. Er erzählt mir, dass er seit einem halben Jahr an Krebs erkrankt sei, die Nachricht an Weihnachten kam und ihn und seine Familie aus der Bahn warf. Nach einer Chemotherapie, die alles angreife, bekomme er jetzt eine Antikörper Therapie, die gezielt arbeitet.

Ich erzähle ihm von Leonard Cohen, der in einem Zen Kloster gelebt hat und erzähle ihm auch von einer Zen-Meditationsgruppe hier im Stadtviertel, an der ich selbst einige Male vor vielen Jahren teilnahm. Aber bei mir ist das mit Gruppen und Meistern so eine Sache.

Ich interessiere mich dafür, was er im Zen sucht.
Er antwortet, weil er es nie ausprobiert habe. Er hat als junger Mann Sport an der Uni studiert und quasi alle Sportarten getestet, einschließlich Qi Gong und Tai Chi. Es fehlt noch Zen. Ich weiß nicht, ob die letzten drei Sport genannt werden können.

Eine Kunde betritt den Laden, der vollkommen vollgestopft ist und nur einen Quadratmeter Platz freilässt für Kund*innen, die eintreten und etwas zur Reparatur bringen oder etwas kaufen wollen. Ich gebe ihm das Papier, auf dem ich die Adresse der Zen-Mediationsgruppe aufgeschrieben habe, die er aber natürlich selbst im Internet finden könnte, wenn er es jetzt wollen würde. Ich wünsche ihm viel Glück und gehe hinaus.

Es ist doch seltsam, wenn man einmal das Augenmerk auf etwas gelenkt hat, dann begegnet es einem des Öfteren. Als ich im Café schrieb, sah ich plötzlich die Stoff Tasche einer jungen Frau, auf der geschrieben stand „Zen ethic". Als ich die Frau auf der Straße zum zweiten Mal traf, fragte ich sie. Es handle sich um französische Mode aus bedruckten Stoffen.

L'image vue dans un demi sommeil

En demi sommeil
je me suis creusée une tombe,
un trou profond pour m'enterrer
vivante.

Merde.
Encore et encore.
Où est la femme en blouse orange-rouge
qui m'avait sauvé la vie
au moment où je voulais me jeter dans le vide
depuis mon balcon du troisième étage ?

Das Bild im Halbschlaf

Im Halbschlaf schaufelte ich mir mein eigenes
Grab.
Ich war dabei, ein tiefes Loch auszuheben,
um mich darin lebendig zu begraben.

Scheiße!
Nochmal und nochmal!
Wo ist die Frau in der orange-roten Bluse,
die mir das Leben gerettet hat
im Moment, als ich mich von meinem Balkon
aus dem Fenster stürzen wollte?

La femme en chemisier rouge-orange clair

J'ai retrouvé la femme en chemisier rouge-orange clair. Elle pointait du doigt les tissus qui attendait, que j'en fasse quelque chose, donc je me suis lancée dans la couture des nouveaux rideaux au lieu de creuser encore plus profond le trou dans lequel je voulais m'enterrer vivante.

L'étoffe de la couleur d'une aubergine ou d'un violet teinté de rouge ne suffisait pas pour en faire un rideau assez long, la raison pour laquelle j'ai cousu la moitié du bas avec un tissu blanc, mais cela faisait maintenant trop long et aussi le blanc comme neige était trop criant. Il fallait donc trouver un autre tissu au lieu du blanc.

Je me suis donnée un coup de pouce, ai pris mon courage à deux mains et ai défait une robe de la couleur violette claire. De tout de façon je trouvais cette robe trop courte. Avec des leggings ça allait, mais en plus je n'aimais pas les volants. Je me trouve trop vieille pour cet aspect romanesque. Et aussi des plis sur la poitrine me dérangeait.

Au marché, j'ai acheté du ruban pour rideaux.

J'ai cousu avec ma main, car j'avais vendu ma machine à coudre il y a peu de temps.

J'ai cousu alors une partie de l'étoffe de la robe défaite au rideau trop court. La couleur violette claire allait mieux avec la couleur violette foncée du rideau.

En outre je m'occupais d'une jupe très longe, dont les volants étaient superflus à mon âge. Je les ai donc enlevés, épinglé et cousu l'ourlet.

Hier j'ai rencontré une amie dans un café qui s'appelle « Port social » au centre-ville. L'amie portait une robe qui allait presque jusqu'au sol. Elle a 10 ans moins que moi. Le cappuccino devait couter 4€, j'ai donc renoncé, pour un port social je trouvais que c'était cher. Mais l'amie m'a expliqué que le nom ne se réfère pas aux consommateurs, consommatrices, mais au fait qu'y travaillent 41 chômeurs et chômeuses de longue durée et qu'elle-même soutient le projet avec des dons en argent. Chapeau !

Quand j'ai mis la jupe sans volants, ça n'allait pas du tout. J'ai donc recousu les volants sur la jupe, ce qui a raccourci un peu la jupe dans son ensemble à son avantage. Je ne voulais pas renoncer à cette jupe, car j'aimais bien l'étoffe de viscose marron avec des feuilles bleu clair et des dessins filigranes de crayon de fleurs et de feuilles.

Die Frau in der hellrot-orangen Bluse

Ich habe die Frau in der rot-orangenen Bluse wiedergefunden. Sie zeigte auf die Stoffe, die darauf warteten, genäht zu werden. Also begann ich, was schon lange auf der To-do-Liste stand, neue Vorhänge zu nähen, anstatt das Erdloch, in dem ich mich lebend begraben wollte, noch tiefer zu graben.

Der Stoff von der Farbe einer hellen Aubergine oder einem rotgefärbten Violett reichte nicht für einen Vorhang, deshalb nähte ich für die untere Hälfte weißen Stoff daran. Aber jetzt war der Vorhang zu lang und das Schneeweiß zu grell.

Ich gab mir einen Ruck und trennte ein helllila Kleid auf, das, wie ich fand, zu kurz für mich war, wenngleich es mit einer Leggings darunter durchaus gut aussah, aber mich störten auch die Volants am unteren Rand und auf Brusthöhe einige Falten.

Also war jetzt der Zeitpunkt gekommen, es aufzutrennen und einen Teil als untere Hälfte für die Gardine zu nutzen. Das passte farblich sehr viel besser. Auf dem Markt hatte ich schon 2 m Gardinenband gekauft. Ich nähte mit der Hand, denn die Nähmaschine hatte ich vor einiger Zeit weggegeben.

Nun nahm ich mir noch einen sehr langen Rock vor, denn auch an ihm störten mich die Volants am unteren Rand. In meinem Alter passte das nicht mehr, fand ich und trennte die Rüschen ab, dann steckte ich noch den Saum mit Stecknadeln ab und nähte ihn.

Gestern traf ich eine Freundin im Café „sozialer Hafen" unter dem Rathausmarktplatz, die in fast bodenlangem Kleid daherkam, aber sie ist ja auch noch 10 Jahre jünger. Auf den Cappuccino für 4€ verzichtete ich, das fand ich nicht gerade sozial an den Namen „sozialer Hafen" denkend, doch die Freundin sagte, „sozial" beziehe sich nicht auf die Kundschaft, sondern es würden dort 41 Langzeitarbeitslose beschäftigt, und auch sie würde das Projekt durch ihre Spenden mitfinanzieren. Hut ab.

Als ich den fertig genähten Rock ohne Volants anzog, sah das überhaupt nicht gut aus, so dass ich mir die Arbeit machte und die Volants wieder annähte. Dadurch wurde der Rock insgesamt etwas kürzer, was zu seinem Vorteil war.

Ich hatte den Rock nicht aufgeben wollen, da ich den braunen Stoff aus Viskose mit hellblauen Blättern und filigranen Bleistift Zeichnungen von Blüten und Blättern mochte.

Des nouveau-nés

Hier j'ai vu à la télé un homme à Gaza, qui était parti pour chercher les actes de naissance de ses nouveau-nés, mais quand il revenait, sa maison a été détruite par une frappe israélienne qui avait aussi assassiné ses deux nouveau-nés, sa femme et la grand-mère. La souffrance de l'homme désespéré est incommensurable.

Je m'arrête sur le trottoir, même si je ne suis plus très loin de chez moi, mais il fait trop chaud et je dois vite me débarrasser de ma veste. Mon regard tombe sur le mur de la maison à côté de moi. Je lis en écriture rouge « Free Gaza ».

O mon Dieu, c'est si cruel ! Pourquoi suis-je pleine de tristesse ? Partout des calamités, le malheur. Meurtres et souffrances insensés.
Et des millions dans le monde sans abri et en fuite.

Die Neugeborenen

Gestern sah ich im TV einen Mann in Gaza, der sich aufgemacht hatte, die Geburtsurkunden für seine neugeborenen Zwillinge zu holen. Als er zurückkam, lag sein Haus in Trümmern, zerstört durch einen israelischen Anschlag, der auch die beiden Neugeborenen tötete, ebenso seine Frau und die Großmutter. Der Mann, erschüttert durch das Leid, verzweifelte.

Ich halte unterwegs an, obwohl es nicht mehr weit zu mir ist. Aber es ist zu warm, weshalb ich unbedingt meine Jacke ausziehen muss. Dabei fällt mein Blick auf die Hauswand neben mir, dort steht in roter Schrift geschrieben „Free Gaza".

O mein Gott, es ist so verdammt furchtbar! Warum bin ich so voller Trauer? Unheil überall. Sinnloses Morden und Leiden.

Und Millionen überall auf der Welt obdachlos und auf der Flucht.

Un homme noir et un homme blanc

J'étais dans le bus
quand un homme noir s'est assis non loin de moi

et s'occupait comme tout le monde de son smartphone.

J'avais l'impression qu'une lumière blanche s'est répandu en lui et éclairait toute chose.
C'est donc comme cela, dis-je à moi.
Les blancs sont parfois des noirs et des noirs parfois des blancs.

Ein schwarzer Mensch und ein weißer Mensch

Ich saß schon im Bus,
als ein schwarzer Mann sich nicht weit von mir hinsetzte und sich wie fast alle mit seinem Smartphone beschäftigte.

Ich hatte den Eindruck, als wenn sich ein weißes Licht

in seinem Inneren ausbreitete und alles erhellte.

So ist das also, sagte ich mir.

Die weißen Menschen sind zuweilen die schwarzen und die schwarzen zuweilen die weißen.

Wei Wei

Ce dernier temps je donne beaucoup de vêtements à la croix rouge, mais j'en achète aussi, car ils, plutôt elles, car ce ne sont que des femmes qui y vendent des vêtements donnés, elles les pèsent, le kilo coute 14€.

Mon dernier don d'hier était un pantalon d'été, un chemisier d'été en lin et un bonnet d'été. C'était un peu difficile de m'en séparer, mais je ne voulais plus les porter, ces vêtements qui me rappelaient le temps au début presque heureux avec l'homme du sud de la France, mais qui m'avait caché son couple et m'a rejeté après avoir eu son plaisir.

Il y a un autre magasin où elles pèsent les vêtements. J'aime bien une des vendeuses, une étudiante, qui s'appelle « Wei Wei ». O ! ai-je dis, comme le célèbre artiste « Ai Weiwei ». Oui, oui, disait-elle en souriant de tout son cœur. Puis elle m'a demandé mon nom et j'ai dit pour plaisanter « Bri Bri ». « Mais puisque cela me rappelle le fromage Bri, je préfère qu'on dise mon nom en entier. Mais pour toi, c'est autrement », ai-je dis, « tu peux m'appeler « Bri Bri » ! » Depuis elle m'appelle « Bri Bri ». Nous aimons beaucoup dire Wei Wei et Bri Bri.

À un bistrot éloigné je cherche une lettre ouatée Din A5 pour mon fils. Il faut payer 14€, les frais de douane, car c'est une lettre qui vient de Brooklyn aux Etats Unis où il a acheté quelque chose pour un projet de son travail.

Je suis assise dehors parmi d'autres client*es dans un café où j'écris quand une jeune femme s'assoit au milieu des tables et chaises. Elle commence à tourner une longue vidéo, elle se filme de tous les côtés, elle sourit, elle boit, elle parle. Les autres client*es qui la regardent ne la dérangent pas. Elle est cloisonnée dans son monde. Je l'envie, car moi, je me sens toujours dérangé par ceci et cela. Je ne dispose pas d'une telle protection contre les autres.

Ça fait vraiment mal, je parle des actes antisémites, récemment on a incendiées les portes d'une synagogue à la Grande-Motte près de Montpellier. Je condamne toute forme de l'antisémitisme fermement, mais je suis aussi contre la politique israélienne de Netanyahu et son gouvernement de droite.

En descendant du métro à la gare centrale, il faut faire un pas plus ou moins grand pour toucher le quai. C'est la raison pour laquelle je fais attention et que je regarde en bas. En faisant le pas j'ai eu un choc, parce que dans le profond entre train et quai j'ai vu une poupée aux yeux ouverts. Je pensais au malheur de la fillette dont la poupée était tombée dans l'abime dans le chaos de la descente du train.

J'ai apporté des chaussons aux pommes à mon fils. Mais le malheur est grand. Mon fils revient de sa visite à l'hôpital de son ami atteint d'un cancer. Demain il sera transféré dans un centre de soins palliatifs.

Wei Wei

In der letzten Zeit spende ich getragene Kleidungsstücke an das Rote Kreuz, aber ich kaufe dort auch getragene Sachen. Die Verkäuferinnen wiegen alles auf der Grundlage eines Kilopreises von 14€. Daher kommt es, dass ich für ein T-Shirt 1,8€ bezahle.
Meine gestrige Spende enthielt eine leichte Sommer Hose, eine Sommer Bluse aus Leinen und einen Sommer Hut. Es fiel mir etwas schwer, diese Teile herzugeben, denn sie verbanden mich mit der fast glücklichen, wenn auch kurzen Zeit mit jenem Mann aus Südfrankreich, der mir verschwiegen hatte, dass er mit einer Frau zusammenlebte und mich fallen ließ, nachdem er sein plaisir hatte.

Es gibt noch ein anderes Geschäft, in dem sie die getragene und gespendete Kleidung auf der Grundlage eines Kilopreises verkaufen. Dort mag ich besonders eine Studentin, die sich „Wei Wei" nennt. O! sagte ich zu ihr, wie der berühmte Künstler „Ai Weiwei"! Ja, genau, erwiderte sie lächelnd und fragte mich nach meinem Namen, den ich ihr nannte, aber auch entsprechend ihrem in „Bri Bri" abkürzte. Darüber mussten wir beide lachen, denn es erinnerte an den Käse Bri und deshalb wollte ich allgemein nicht so angesprochen werden. „Aber für dich gilt das nicht" sagte ich, „du kannst mich Bri Bri nennen!", darüber freute sie sich.

In einem Kiosk hole ich einen Briefumschlag für meinen Sohn ab, denn es lag ein Abholschein im Briefkasten. Ich muss 14 Euro für den Zoll bezahlen, da der Brief aus Brooklyn in den USA kommt und seine Bestellung für eines seiner Arbeitsprojekte enthält.

Es ist mildes Wetter, und deshalb habe ich mich zum Schreiben nach draußen gesetzt, wo schon etliche Caféhaus Gäste Platz genommen haben. Eine junge Frau kommt hinzu und setzt sich mit ihrem großen Cafébecher in die Mitte. Sofort beginnt sie, ihr Smartphone in Betrieb zu nehmen und sich zu filmen. Sie lächelt unentwegt mit ihren aufgepolsterten Lippen in ihr Smartphone, mit dem sie sich in alle Richtungen dreht, zuweilen hineinspricht und ihren Cafébecher zeigt. Es beeindruckt mich unglaublich, wie sehr sie inmitten von allen anderen Gäst*innen in ihrer Welt bleibt und sich offenbar gegen die sie beobachtenden Leute ringsherum abschotten kann. Ich bedaure sehr, dass ich selbst über einen solchen Schutz nicht verfüge und niemals verfügte. Das hat natürlich Ursachen.

Es tut wirklich weh, ich spreche von den antisemitischen Taten, kürzlich hat man die Türen der Synagoge in Grande-Motte in der Nähe von Montpellier in Brand gesteckt. Ich verurteile strikt jeden antisemitischen Anschlag, jede Form von Antisemitismus und sei es auch „nur" eine Beleidigung. Aber ich verurteile auch die israelische Politik Netanyahus und seiner rechten Regierungsmitglieder.

Als ich am Hauptbahnhof aus der S-Bahn stieg und vorsichtig den relativ großen Schritt aus dem Zug auf den Bahnsteig machte, blickte ich natürlich nach unten, um nicht aus Versehen in den Spalt zwischen Zug und Bahnsteig zu geraten. Es war ein Schock und tat mir sehr weh, als ich im Abgrund eine Puppe mit offenen Augen liegen sah. Ich dachte an das unglückliche Mädchen, das sie im Gedränge verloren hatte, im Moment des Austeigens musste sie hinuntergefallen sein.

Ich habe für meinen Sohn Apfel Taschen mitgebracht, aber das Unglück ist groß. Er kommt von einem Besuch im Krankenhaus seines an Krebs erkrankten Freundes zurück. Morgen wird er in ein Hospiz verlegt.
Aber nach drei Tagen schon bekommt er den Anruf, dass sein Freund gestorben ist, der zweite enge Freund.

Le cercle vicieux

Un jeune ami éloigné dit qu'il suivra à l'hôpital un traitement pour améliorer son trouble psychique qui s'appelle borderline. Il n'y passera pas les nuits, seulement pendant la journée il participera aux offres qui comprennent des entretiens thérapeutiques ainsi que des offres d'art, par exemple l'expression de soi à travers la peinture.

On parle beaucoup de ce trouble psychique et je me demande, d'où vient cette maladie.

Peut-être qu'il n'y avait pas de personne dans la toute petite enfance qui s'est intéressée entièrement, au moins trois quarts, à l'enfant. Déjà le bébé a été selon toute probabilité laissé à côté, ignoré, c'est donc que ce bébé et plus tard l'enfant délaissé ne peut pas se construire, ne peut pas développer des limites de lui-même, de son corps, il est perdu et donc pour se protéger, pour survivre il s'accroche à l'autre, il va même plus loin pour atteindre son but qui est sa protection, il s'introduise dans l'autre, il filtre dans la peau de celui, dans sa personnalité, dans son être. Il commet donc un très grave délit si on peut le dire comme ça. Il ne respecte pas les frontières, les limites de l'autre, il les blesse tel que l'autre doit se protéger de lui en s'éloignant, ce qui réactive le traumatisme du bébé respectivement de l'enfant. Il retombe encore une fois dans l'oubli des autres qui ne prennent pas attention de son existence. C'est un cercle vicieux.

Der Teufelskreis

Ein junger Freund erzählt mir, dass er sich in die Tages Klinik für einige Zeit begeben werde, um seine Borderline-Störung weiter behandeln zu lassen. Er wird dort nicht übernachten, sondern nur tagsüber die Angebote, die von Gesprächstherapie über Kunstaktivitäten reichen, wahrnehmen.

Es wird viel über diese psychische Störung gesprochen, und ich frage mich, woher sie kommt.

Vielleicht gab es in der frühen Kindheit keine Bezugsperson, die sich vollkommen für das Kleinkind interessierte. Schon das Baby wurde wahrscheinlich alleine gelassen, seine Existenz ignoriert, vergessen. Es ist diesem Umstand geschuldet, dass sich das Baby und später das Kind nicht aufbauen kann, Es kann keine Grenzen entwickeln, weder Körpergrenzen noch psychische Grenzen. Daher ist es verloren. Um sich zu schützen, um zu überleben, klettet bzw. kettet es sich an die andere Person oft ein Leben lang. Es geht sogar noch weiter, um sich zu schützen und zu überleben, es schleicht sich mehr oder weniger unbewusst in die andere Person hinein, es gleitet unter ihre Haut, es platziert sich in ihre Personalität. Es, er oder sie, begeht im Grunde eine Straftat, wenn es sich so formulieren lässt, denn es respektiert die Grenzen der anderen Person nicht, es verletzt sie, so dass der andere, die andere sich von ihm bzw. ihr entfernt, was wiederum das frühe Trauma des Babys und Kindes, im jungen Menschen und Erwachsenen reaktiviert. Er oder sie fällt von neuem ins Vergessen der anderen Person, die keine Notiz von seiner, ihrer Existenz mehr nimmt, die Aufmerksamkeit erlischt aufs Neue und immer wieder aufs Neue. Das ist ein Teufelskreis.

L'enfant qui se cache

entre un meuble et un mur

comme d'habitude

dès qu'il est réveillé.

La chambre est sombre

comme d'habitude.

Il n'est pas habitué qu'une personne s'occupe de lui. Il vit seul.

On lui sert son plat de midi

dans sa cachette

comme d'habitude.

Bien sûr il se lève pour faire son pipi

mais à part cela

il reste dans l'ombre

coincé entre un meuble et un mur.

Das Kind, das sich versteckt

Zwischen einem Möbelstück und einer Wand

wie immer

sobald es aufwacht.

Das Zimmer ist dunkel

wie immer.

Das Kind ist es nicht gewöhnt, dass sich eine Person um es kümmert. Es lebt alleine.

Sein Essen wird vor seinem Versteck abgestellt

wie immer.

Natürlich erhebt es sich, um Pipi zu machen

aber abgesehen davon

bleibt es im Dunkeln

in dem Spalt

zwischen einem Möbelstück und einer Wand.

Livres français

Tony

La valse mélancolique de Nice

L'écoulement

L'incertitude 1

L'incertitude 2
Le temps passe pour tout le monde.

Poèmes de la vie intérieur et extérieur.

Nos échanges
Échange d'e-mail avec D.E
En rupture du stock

Livre de photo : « peintures, gravures, dessins, sculptures 1970 - 2021 »

Livres allemands

Dreiklang
Kurzgeschichten

Zweiklang
Mutter – Tochter

Fünfklang

Der goldene Taler
Märchen

Stimmen

Gezeichnet

Einklang
E-Mail Austausch mit D.E.
Nicht mehr verfügbar

Trennung und Aufbruch
Nicht mehr verfügbar

Antoine und seine Geschwister

Sanftes Kratzen

Der Himmel über mir

Gedichte 1967 -2017
Der seine Stirn an den Baum lehnte

Zerbrochen
Innerhalb und außerhalb des Tunnels

Besuche in Dublin

Lichtung

Lydia November L.N. 1 (1980)
Avec des images de gravures et de dessins
Seulement disponible à la bibliothèque de
l'université d'Hambourg

Lydia November L.N. 2 (1982)
Seulement disponible à la bibliothèque de l'université d'Hambourg

Fotobuch „Die Elbe bei Övelgönne"

Fotobuch „Werkschau 1976 – 2000"
Malerei, Radierungen, Zeichnungen, Skulpturen

Fotobuch „Gezeiten. Fotos 1976 – 2021"